播音与主持艺术专业"十三五"规划教材
21世纪播音与主持艺术专业训练教材

主持人表现力训练教程

◉ 翁如 编著

中国传媒大学出版社
·北京·

▲图1 〔法〕保罗·高更《我们从哪里来?我们是谁?我们向何处去?》1897年作

▲图2 〔挪威〕爱德华·蒙克《呐喊》
1893年作

▲图3 〔荷兰〕文森特·威廉·梵高《自画像》
1889年作

▲图4 〔荷兰〕文森特·威廉·梵高《向日葵》
1888年作

▲图5 〔意大利〕列奥纳多·达·芬奇《蒙娜丽莎》
1503—1505年作

◀图6 〔法〕克劳德·莫奈《睡莲》
1908年作

▶图7 〔西班牙〕迪埃戈·德·西尔瓦·委拉斯凯兹《纺织女》1657年作

▲图8 〔意大利〕桑德罗·波提切利《维纳斯的诞生》1485年作

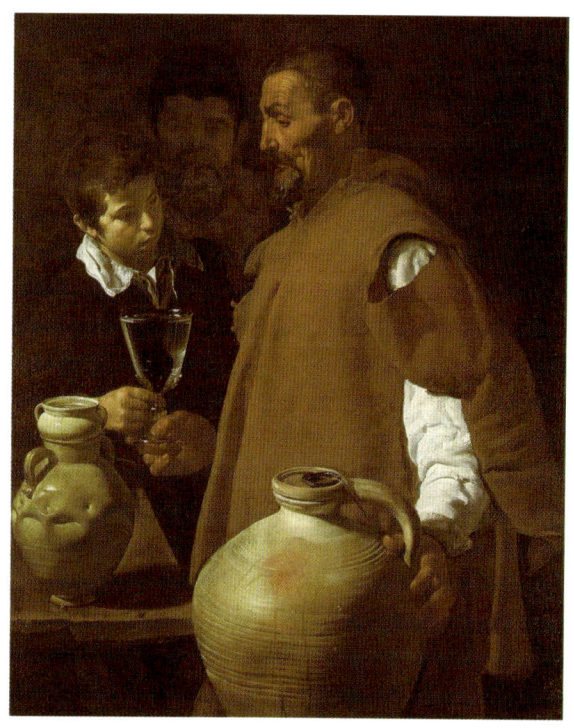

◀ 图9 〔西班牙〕迪埃戈·德·西尔瓦·委拉斯凯兹《卖水的老人》1619年作

▲ 图10 〔意大利〕列奥纳多·达·芬奇《最后的晚餐》1499年作

目录 CONTENTS

本书数字资源

1	前言	
1	练习目录	
1	第一单元	表现力
1	第一部分	理论概要
4	第二部分	教学内容与同步练习
5	第三部分	教学目的与要求
6	第四部分	学生作业例稿
14	第二单元	美
14	第一部分	理论概要
18	第二部分	教学内容与同步练习
18	第三部分	教学目的与要求
19	第四部分	学生作业例稿
30	第三单元	外在美与内在美
30	第一部分	理论概要
31	第二部分	教学内容与同步练习
32	第三部分	教学目的与要求
32	第四部分	学生作业例稿

41	**第四单元　美感**
41	第一部分　理论概要
43	第二部分　教学内容与同步练习
43	第三部分　教学目的与要求
44	第四部分　学生作业例稿

53	**第五单元　想象力**
53	第一部分　理论概要
54	第二部分　教学内容与同步练习
55	第三部分　教学目的与要求
56	第四部分　学生作业例稿

63	**第六单元　信念感与真实感**
63	第一部分　理论概要
66	第二部分　教学内容与同步练习
66	第三部分　教学目的与要求
67	第四部分　学生作业例稿

77	**第七单元　观察、模拟与塑造**
77	第一部分　理论概要
78	第二部分　教学内容与同步练习
78	第三部分　教学目的与要求
79	第四部分　学生作业例稿

87	**第八单元**	**交流与适应**
87	第一部分	理论概要
88	第二部分	教学内容与同步练习
88	第三部分	教学目的与要求
89	第四部分	学生作业例稿
95	**第九单元**	**新闻节目主持人**
95	第一部分	理论概要
96	第二部分	教学内容与同步练习
96	第三部分	教学目的与要求
96	第四部分	学生作业例稿
105	**第十单元**	**社会教育节目主持人**
105	第一部分	理论概要
105	第二部分	教学内容与同步练习
106	第三部分	教学目的与要求
106	第四部分	学生作业例稿
111	**第十一单元**	**服务节目主持人**
111	第一部分	理论概要
111	第二部分	教学内容与同步练习
112	第三部分	教学目的与要求
112	第四部分	学生作业例稿

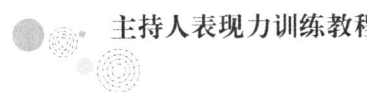

114	第十二单元　角色模拟
114	第一部分　教学内容与同步练习
114	第二部分　教学目的与要求
114	第三部分　学生作业例稿
118	后　记

前　言

经常有播音与主持艺术专业的学生问我："我最适合做哪个节目的主持人？"我总是回答，"哪个节目都可以，关键是自己如何去适应节目的需要。"我认为，青年人可塑性很强，过早地定位他们今后所从事的节目类型，会对他们的学习和发展有所制约，不利于今后的选择和发展。

事实也是如此，有些毕业生刚进入电视台工作时是做新闻节目的主持人，但几年后，却成了服务节目主持人；有的开始是做娱乐节目主持人，后来却成了财经节目主持人；有的开始做体育节目主持人，而后来成了新闻节目主持人；更有些毕业生在县级电视台，因为锻炼机会多，几乎每种节目都做过，最后成了农业节目主持人，在农业节目中大显身手，受到农民朋友的广泛欢迎；也有的毕业生至今仍活跃在不同类型的节目主持的岗位上……这些同学在几年的实践中走出了一条自己的路，找到了最适合自己的位置……为此我们一直在想，与其让同学们离开学校后，在工作岗位上用几年的时间自己摸索定位，倒不如在学校的学习过程中，更全面地开发他们的素质和潜能，增强他们的可塑性和表现力，使他们能更全面地认识自己、展示自己,从而在今后的工作中更好地适应主持人岗位的需要。

另外,也有一些同学形象和声音条件都很好,但是在有些场合,却表现得不尽如人意。例如,面对招聘、比赛,或者陌生环境和陌生人,他们往往手足无措、词不达意,没有应有的表现力,更谈不上出众的气质和风采。

根据以上存在的问题,经过思考和探索,我们开设了主持人表现力课程。一方面可以更好地提高学生的素质、开发学生的潜能,提高他们的可塑性和创造力;另一方面培养他们在各种场合的自控力和自信心,并提升美感,使其能更好地塑造自己、表现自己。

另外,在现代化社会,人们对美的要求更高了,从事任何工作,都需要注意仪态和仪表,尽可能展示自身的内在美和外在美,所以提高个人表现力也是时代的需要。

本课程自开创以来,一直得到四川师范大学电影电视学院领导的悉心指导和各部门的大力支持,在此表示由衷的感谢。

本课程融入思维、表演、主持、形体、音乐等内容,开发学生的潜能,提高他们的表现力。目前课程虽然受到各方面的肯定,但毕竟是新兴课程,仍存在不少问题。希望大家提出宝贵意见,我们在今后的教学工作中,一定努力修正,逐步完善,使课程更具科学性和实用性。

练习目录

第一单元　表现力

训练要求：张弛有度，评述内容与风格轻松活跃，尽量放松，消除紧张。

1. 形体训练

通电机器人练习。

2. 语言训练

(1) 听音乐《迷幻埃及》表达练习。

(2) 形体训练与音乐结合进行评述。

第二单元　美

训练要求：形体与语言表达优美高雅。

1. 形体训练

形体造型延续练习：

(1) 听优美的音乐——班德瑞《寂静山林12摇篮曲》。

(2) 听欢快的音乐——柏辽兹《拉科奇进行曲》。

(3) 听沉重的音乐——尼古拉斯《大峡谷》。

2. 语言训练

形体训练与图形结合进行评述。

第三单元　外在美与内在美

训练要求:开发创造力,通过形体训练创造、感受美,既表达外在美,也表达内在神韵,同时纠正不良的形体习惯。形体与语言练习要求内容与风格开阔大气。

1．形体训练

(1)自身形体不同部位空洞练习。

(2)双人形体即兴对称造型练习。

2．语言训练

形体训练与话题"天空"结合进行评述。

第四单元　美感

训练要求:形体造型和语言表达有真情实感,要能创造形象、运用形象,有情感的冲击点。

1．形体训练

用形体造型表达喜、怒、哀、惧的不同情感。

2．语言训练

形体训练与话题"大地"结合进行评述。

第五单元　想象力

训练要求:充分展开想象,发现生活中富有幽默感的事物,开发自身的喜剧素质和幽默感。

1．形体训练

(1)环境表达练习。

(2)物件转换练习。

2．语言训练

形体训练与话题"时间"(春夏秋冬及早中晚)结合进行评述。

第六单元　信念感与真实感

训练要求：内容丰富、构思别致，表达认真、严肃，具有真实感、信念感。

1. 形体训练

(1)"我就是这个物件"练习。

(2)"我与这个物件"练习。

2. 语言训练

形体训练与绘画作品结合进行评述。

第七单元　观察、模拟与塑造

训练要求：观察生活，进行模拟塑造，加强形体自控力、表现力。评述真实生动，有独立的分析、认识、思考。

1. 形体训练

通过一个动作表达人生四个阶段。

2. 语言训练

形体训练与人生四个阶段结合进行评述，要求评述内容有具体时间、地点、事件、人物，能发人深省。

第八单元　交流与适应

训练要求：能灵活运用知识，做到博古览今，触类旁通，为我所用，有创造力，态度客观、公正、公平，有内涵，体现出自信和厚重感。

1. 形体训练

(1)"似曾相识"练习。

(2)人物关系转变练习。

2. 语言训练

形体训练与历史结合进行评述，要求说古论今，具有思辨性。

第九单元　新闻节目主持人

第十单元　社会教育节目主持人

第十一单元　服务节目主持人

第十二单元　角色模拟

第一单元 表现力

第一部分 理论概要

表现力就是人的自我表现能力,指在完成某项具体工作过程中,自身潜在能力特点的凸显和流露。它体现在方方面面,包括一个人内在的思想、品德、才智、能力、品位和外在的姿态、神韵、气质、风度等方面。

当今社会要求人们不仅要具有较高的思想文化水平,也要具有良好的修养,这样才能更好地与人沟通交流,实现自身价值。

在社会生活中,人们从事不同的工作,他们的创作手段、创作原料和创作工具各有不同。例如,音乐家通过创作乐曲表现自己的内心感受,文学家通过文学创作表现自己对生活的认识和理解,画家是用颜料和画布来作画,主持人则是通过自己的语言和形象进行传播。主持人自身的表现力,直接关系到观众对他的接受程度、节目的收视率和传播效果。

表现力主要包括形体表现力和语言表现力。

一、形体表现力

形体表现力包括外在的姿态、神韵、气质、风度等方面。形体的姿态、形体活动的韵律、节奏,对于一个人的形象塑造是非常重要的。我国古诗词中就有不少用形体动作塑造人物的佳句,如"千呼万唤始出来,犹抱琵琶半遮面"(〔唐〕白居易《琵琶行》)表现了一个流落天涯的歌女形象,"怒发冲冠、仰天长啸"(〔宋〕岳飞《满江红》)塑造了无比悲愤的壮士形象,"泪尽罗巾梦不成,夜深前殿按歌声。红颜未老恩先断,斜倚熏笼坐到明"(〔唐〕白居易《宫词》)表现了一个夜不成寐、凄惨寂寥的失宠宫妃的形象。

形体动作是内心情绪的外化。例如,手忙脚乱表示慌张,垂头丧气表示失望和一蹶不振,手舞足蹈表示无比喜悦,拍案而起表示愤慨,最简单的拇指和食指相扣表示完成和通过,甚至一个眼神也能传递不可言传的信息。美国雷·伯维泰尔教授的研究表明,当人们面对面交流时,语言传播只占总体传播的35%,而形体传播则占65%。所以培养形体表现力非常必要。

人的身体包括三大部分:(1)头部,包括五官和颈;(2)躯干,包括腹背;(3)四肢,包括上肢的肩、臂、腕、掌、手指和下肢的大腿、膝、小腿、脚跟、脚掌、脚趾。头部的五官和颈十分重要,例如我们在与人交流时,首先注视的就是对方的面部,尤其是眼睛,所以我们常说"眼睛是心灵的窗户"。肢体动作是表情的辅助手段,当我们用语言无法表达内心的思想情感时,很自然地就会用肢体动作进行辅助,当谈话内容需要转折或结束时,也会用肢体动作来示意。下肢是全身的支撑,身体的姿态、步伐都与下肢有关,同样能表达欢乐(跳跃)、痛苦(下蹲)、踌躇(脚前后移动)、坚毅(直立不动)、骄傲(脚尖上翘)等情绪。躯体动作也能表现情感,当我们听到感兴趣的事情时,身体自然前倾,相反,听到厌恶的事情身体必然向后倾。

播音与主持艺术专业的学生,是未来的主持人,应具有比一般人更好的仪态和仪表、更强的身体的灵活性和可塑性。但一些学生却存在着诸多形体问题,例如习惯性的端肩、皱眉、歪颈、步态不稳或沉重、手势单调

等,缺乏形体的自控力和灵活性,缺乏美感。

一个人开口说话之前,会给别人留下第一印象。第一印象决定着对一个人的接受程度,因为第一印象占总印象的40%～50%。因此我们必须要进行有效的训练和矫正,使形体更具有表现力和美感。

雕塑家罗丹说:"自然界中任何东西都比不过人体更有性格,人体由于他的力、他的美,可以唤起不同意向。""如果说一种线能体现力度,能表达情感,能对人微笑,能令人心醉,无疑就是人体完美的曲线。"因此,我们必须进行表现力训练,使学生具有体态美,通过体态这一无声的语言,表达无法用语言表达的内容。

二、语言表现力

语言是最快捷的传播方式,主持人主要就是靠语言进行传播。好的语言如诗似画,具有强烈的震撼力,能真正作用于对方的意识,影响对方的行动。例如白岩松、敬一丹、水均益、张灵泉等知名主持人,都有很深的语言功底。但一些学习播音主持的学生,在语言方面却存在着不少的问题。如语言不能准确表达思想情感,语言组织没有逻辑性和吸引力,语言表达平直单调没有感染力,同时又易受客观干扰,经常怯场产生拘束感。面对陌生环境和陌生人,不能进行正常的语言组织和语言表达等。

影响表现力的最大障碍是紧张,尤其面对陌生环境时,就会紧张而失去控制,甚至头脑一片空白,心跳加速,呼吸急促,声音失控,甚至发抖……心理紧张而引起形体和声音紧张,而形体和声音紧张又会加剧心理紧张,它们相互影响、相互作用,形成恶性循环。

为了消除紧张,我们必须学会自我放松和调控。当发现自身出现不必要的紧张时,我们要通过有意识的自我控制和暗示,进行调整。

每个人生存环境和生活经历不同,因此有些素质能充分展现,而有些素质被压抑了。一个好的演员,可以塑造不同时代的各种人物形象,发掘出自己的潜质,一个好的主持人也应如此。

综上所述,针对目前形体和语言方面存在的问题,我们开设了表现力课程,通过表现力的训练,克服心理障碍,改正不良的语言和形体习惯,加强自控力,提高素质,开发潜能,使自身语言和形体更富有表现力和亲和力,更好地适应社会和传媒事业对人才的需求。

第二部分　教学内容与同步练习

一、形体训练

通电机器人练习

(1)要求学生将自己当作通电机器人,做各种机器人的动作。教师发出停止口令,学生立即停止动作,保持停止时的形体造型。然后教师下达断电口令,学生从头关节开始,各个关节依次"断电","断电"后的关节要求完全放松,直到全身完全松弛。之后教师下达通电口令,学生依次控制各个关节,直到恢复机器人的动作。

(2)该练习可以反复做,要求学生将注意力集中在执行口令、自我调控形体和准确表达上。

(3)要求学生认真体会,通过形体的表达,找到一些机器人应有的表情特征,达到形神兼备。

(4)练习达到标准后,可根据自己设计的动作配上音乐,通过音乐的烘托,使自己更加投入,提高表现欲和表现力。

二、语言训练

1. 听音乐训练

反复播放一段音乐,学生进行即兴表达。宜选形象感强、有特点的音乐,本单元音乐选用《迷幻埃及》。

2. 即兴表达训练

将音乐与机器人练习联系在一起,进行即兴表达。

第三部分　教学目的与要求

一、形体训练

(1)机器人练习主要是通过游戏和形体的表达,使学生的注意力集中在执行口令和达到形体动作的准确性上,从而达到心理的放松,消除紧张。

(2)加强学生的形体控制力,让学生体会到什么状态才是真正的松弛,以及如何集中注意力,达到真正放松,加强对形体的控制与支配能力。

(3)通过训练加强学生的心理素质和肢体的表现力,能在一定场合很好地表现自己,发挥正常水平。

(4)通过训练使学生体会到心理与形体的相互作用、相互影响及相辅相成的关系。

(5)通过音乐的配合,加强对音乐的感受能力,提高学生的表达欲和表现力。

二、语言训练

(1)要求尽量做到身心松弛,因为只有在松弛的状态下,才能进行正常的思维活动,才能更好地进行语言的组织和表达。

(2)音乐练习要注意捕捉音乐形象的准确性。

(3)音乐与机器人结合的练习要注意组织的合理性。

(4)注意语言的形象感、简洁性、准确性以及思维的清晰,提高形象思维能力。

第四部分　学生作业例稿

一、听音乐《迷幻埃及》即兴评述

1.古楼兰

漫漫黄沙,驼铃声声,驼队走过沙丘,穿过绿洲,来到了一座繁华的古城:简单粗犷的房舍,井字形的街道。牵着骆驼的商队悠然地走在街上,他们盘着白色的头巾,身着条纹的衣裳。街道上吆喝声不绝于耳,烤馕店的油馕烤得酥脆金黄。馕店旁边打弯刀的铁匠,一锤一锤敲着那块通红的烙铁,把它敲打成弯月形状的弯刀。贩丝绸的汉人,赶着汗血宝马飞奔在漫漫的路上。

街角坐着的是卖艺老人,他面前永远放着一只细颈广口的竹篓,笛声响起时眼镜蛇发出"嘶嘶"声响。横街上是几家香料铺和饰品铺,出入的女子们身着曳地长裙,手缠叮当臂环,头戴如烟的面纱,露出一双灿若繁星的眼睛、杨柳般的腰肢,浑身散发着一种迷幻的妖艳。

这就是公元前3世纪的楼兰古国,它在人们的想象中永远有异国情调的迷香。如今黄沙散尽,一切湮灭,只留下沙土中掩埋的一段传说,还有那歌中吟唱的楼兰新娘。

2. 尼罗河

陌生的地方却有着并不陌生的风景。终日游走于大街小巷中,一切都是那样迷乱和神秘。远处的清真寺传来此起彼伏的诵经声。路上车水马龙,有窄窄的街道、古老的房屋以及诡异的流浪猫,虽有些破败但又那样自然。穿过嘈杂的集市走到路的尽头,眼前忽然跃出一条碧蓝色的丝带,美得动人心魄,纯洁得像是天堂的圣水,原来这就是尼罗河。我不禁赞叹着,感觉它正如一曲迷幻而流畅的音乐,尼罗河在眼前流动,那音乐穿透了人的心灵。

3. 祭祀女乐师

清晨阳光初照,蔓延着洒向茫茫的沙漠,沉睡的金字塔被炙热的温度唤醒,散发着独有的生机……

庄严的祭祀中,三位黄褐色肌肤的妙龄少女头戴洁白鹅羽,身着白色薄裙,随着古老的音乐尽情舞动着曼妙的身躯。最前面的少女用迷人的杏眼凝视前方,纤细的手指错落有致地弹拨着琴弦,只听得悠扬的琴声忽扬忽抑、忽明忽暗、忽缓忽急……似流水潺潺,如小溪叮咚,恰江河滚滚。

身后的少女扭动起古铜色的身躯,富有节奏地弹拨起手中的箜篌,随着节奏左右摇摆,头上洁白的鹅羽像飞舞的精灵。另一位少女吹着长笛,笛声细细的、柔柔的,如薄裙素裹下玲珑的身姿,美丽妖娆又妩媚多情。

傍晚时分,阳光悄然离去,只剩金字塔古老的身躯在玫瑰墙垣上投下的古铜身影。夜静了,记忆里回想着古老庄严的祭祀和那悠扬绵长的旋律。

4. 仙人掌

它不知道自己是谁,而四周似乎是永远的黑暗。它开始慢慢蠕动,为了让自己成长,努力地吸收水分和营养。它竭尽全力,一步一步向上,再向上。

它听到了自己的心跳,感受到了筋脉的伸展,它眼睛眦出了血,身上长满了刺,终于在不懈努力下,它见到了一缕阳光!啊!原来阳光是如此温暖,天空是如此湛蓝,空气是如此清新,沙漠是如此辽阔……

它日复一日的生长不仅展示了蓬勃的生命,也给人们指引着方向。它头顶上开出红色的花朵,远远望去,在层层黄色沙漠中是那么鲜亮!是的,它就是大漠荒原中一株顽强的仙人掌!

5. 小辫子

我叫荷鲁斯,我与鹰神荷鲁斯同名,而我名字的寓意正是希望得到他的庇护,老人们希望我永远在童年,享受童年的快乐!嗯?你说什么?荷鲁斯是埃及的?没错,是的。埃及就是我美丽的祖国。嘿嘿,此刻我正牵着我的小花狗在尼罗河畔嬉戏,享受温暖的阳光和美妙的乐曲。我的小花狗会绕着我打转,然后咬着我头上的小辫子……对啊,我光头的右侧留了一个长长的小辫子,跑起来的时候,小辫子上上下下打着我的脸,可舒服啦!老人们说,一定要留着这个小辫子,它可以锁住童年的快乐!童年虽然快乐,可我还是想自己快快长大,像大男人那样掷飞镖,像游侠一样骑骆驼,像大力士那样摔跤。尽管飞镖很难投准,尽管有时会从骆驼背上跌下来,尽管有时被对手打得鼻青脸肿,但这些都不重要!因为成长是我最大的心愿。

成长是强大的过程,成长是最快乐的事情。一个人、一个部落、一个国家,千万不要锁在童年的快乐中,剪掉辫子,让自己快快长大!

6. 阴阳互补

听到这支乐曲,我想起了曾见过的一幅绝美的风景画。它被分为阴天和晴天两部分,乍一眼看上去非常单调,但仔细看,会发现它们呈现出亲吻的图案。男人的脸幻化作阴天,黝黑的脸上闪着金黄色的光斑,女人的脸幻化作晴天,澄澈透明。他们闭着眼,静静地亲吻着,那种静谧温馨让人不忍打扰。这幅画叫作爱情的阴晴,是埃及一个古老神秘的传说,表达了对情侣的祝福。我们常说男人以阳刚为美,女人以阴柔为美,这幅画就表现了男性的刚毅和女性的柔媚。我恍然大悟,原来我们死守的定律被打破后也有着特别的美丽。其实无论美景或是爱情,都是由差异变成互补,从而绽放出美好。

7. 重复

清晨,当第一缕阳光照在大地上,这个古老的村寨从夜的寂静中苏醒。流水声应和着妇人们的谈笑声、木棒与石头相互碰撞发出的敲打声。

不知不觉太阳已升到一天中最高的位置,整个村寨像被点燃一般,每家每户都冒起了炊烟。透过木门看到妇人们在灶台前走来走去的身影和她们嘴角向上扬起的淡淡笑容。

接着,太阳像害羞的女子,脸庞露出微红,慢慢落下去了,而整个寨子仍充满生机。空阔的土地上,一团团火焰在跳动,妇人们手拉手欢快地跳着简单的舞步。

之后,整个寨子沉浸在夜的寂静中。也许,那有规律的敲打声、走来走去的身影和简单重复的舞步没有什么新意,就像太阳每天的东升西落、周而复始,但这简单的重复就是生活,生活就应该是我们听到的笑声、看到的笑容以及简单的舞步。

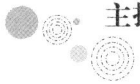

二、听音乐《迷幻埃及》与形体训练"通电机器人"结合即兴评述

1. 美永不流逝

考古学家带着最新研制的纳米智能机器人来到古老的埃及,漫天的黄沙抵挡不了他们解密金字塔的热情,他们势必要窥探这个华丽的墓穴中不为人知的秘密。此时机器人1号缓缓从门缝进入金字塔中,它沿途拍摄回来的景象真是太神奇了。塔内的岩壁上,是早期埃及艺术家绝妙的创作,还有各种神秘古怪的符号及栩栩如生的人物、动物画像,一切都充满了神秘感与异域风情。

最后一道门壁,门壁上的画像让所有人惊奇:这是一个有着蛇身蝎尾的美丽女人,她面庞精致而妖冶。对!她就是被古埃及子民称作英雄的埃及艳后——奥佩特拉七世,她用俘获男人的方式,为埃及带来了长达17年的和平。但就在这时,机器人却不动了,它死死地盯着埃及艳后目不转睛。几番调试后,机器人仍纹丝不动。这时人们恍然大悟,尽管千年已过,埃及艳后却风采依旧!即使只是画像,也能俘获万物的心,哪怕是机器人。是的,美的事物从来不会因为时间的流逝而消退其美感,经过岁月的积淀久而更显生动迷人。

2. 独有与变异

从四五千年前开始,古埃及的人们便迷恋各种各样的香味。不知何时,一位科学家发明了一种机器人,它通过红外线改变人体的体味。如果有人喜欢草莓,机器人便把他的体味变成草莓味。这样一些人的体味变成奶酪味,一些人的体味变成各种花香,更有甚者,一些人的体味变成鸦片味,以便更好地吸引异性……但机器人内心却非常苦恼,因为它知道,如果改变了一个人的体味,就再也回不到他原来独有的体味了,回不去了,再也回不去了。

终于有一天,人们对这些变异的气味感到乏味了,因为变异的体味时间长了根本无法吸引异性,而且变得怪异。于是人们都在怀念自己原本的体味……而机器人也无力探寻到每个人原本的体味了。上帝创造了人类,创造了气味,给每个人独一无二的特征,但人类有时却不珍惜它。

一味地模仿,往往失去自我,拥有独一无二的特征,才能成为不可替代的自己。

3.智慧创造奇妙

这是古老的国度、神秘的天堂,广袤的大地更是为其增添了一丝古朴的传奇。这里便是埃及金字塔,奇迹般的建筑,法老的安息地。穿过厚实的墙壁进入塔内,火堆升起,在烟雾缭绕中似乎听到了金属碰撞的声音。于是我们看到了机器构成的身躯在特殊的舞台上,随着鼓点扭动着,原来这是埃及的机器人秀场。机器人出现在金字塔内,好像穿越千年回到过去,又好像跨过百年来到现在,千年前的古建筑,百年后的机器人,似乎都交汇在这用黄沙堆积的城堡中。这就是埃及的独有,从古至今,埃及一直都用自己的智慧创造不可替代的奇妙。

4.爱是人类本能

这里是2300年的埃及,在开罗的一个小镇集市,人头攒动。集市的西南角,有一处买卖奴隶的摊位,方形脸的机器人贵族要卖一对人类母子。

很快,两位买主要分别带走母子两人,两人挣扎着向主人求情,年幼的孩子大声哭喊着"妈妈,妈妈,别让他们带走我"。机器人向母子俩注射了脉冲波,母亲摇晃了两下便摔倒在地上,停止了心跳,怀中的孩子也没了呼吸。机器人没有亲人,它们无法拥有人类与生俱来的能力——爱。

它们认为爱是软弱而糊涂的情感,使人丧失理智,使人脆弱、愚蠢。

可那对死去的母子,无论机器人使用什么样的高科技,都无法分开他们紧紧拉着的手。因为爱是最软弱却也是最坚强的,你可以杀死一个人,却永远无法消除人类的本能——爱!

5. 没有十全十美

主人试图把我打造成这个世界上最完美的机器人。他为我植入各种各样的记忆芯片,他要求我听音乐、学算术、做各种家务,他甚至让我在闻风节独自引导人们外出春游,并跟随科考队攀上金字塔的顶层。巨大的压力使我一次次系统崩溃。最终,当我再也无法承受时,我的系统彻底瘫痪,接近报废。

主人把我带回家,对着我沉思了整整一个晚上。他终于懂了,在这个世界上,根本不可能存在全能机器人。于是,他撤去了所有原本不属于我的芯片,还原了最简单的我。

现在,我又是那个虽然只会傻傻跳舞却能引人发笑的机器人了。在这个新年,我和所有的埃及人一起,迎接一个崭新的开始。

我做不到全能,就如你不可能十全十美。那么,何不抛弃妄想,知足常乐。

6. 灵魂的美最动人

漫漫黄沙深处传来一首欢快的乐曲,一位在沙漠中独行的科学家在音乐的指引下来到一座古老的埃及宫殿前。大门缓缓打开的瞬间,一个巨大的舞台出现在眼前,舞台中央有一位女子,穿着火红的舞衣,随着音乐舞动着身姿。她的一颦一笑似乎都能感染身边的每一个人,这充满美感的一幕深深地印在了科学家的脑海里。离开宫殿后,科学家的脑海中总是不断出现那个女子,那样的舞步和美妙的音乐,于是他决定造一个机器人。

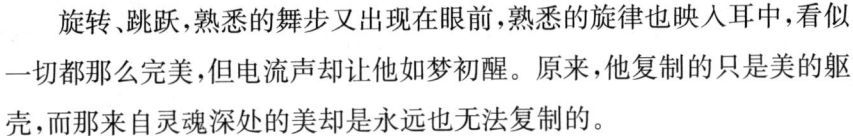

旋转、跳跃,熟悉的舞步又出现在眼前,熟悉的旋律也映入耳中,看似一切都那么完美,但电流声却让他如梦初醒。原来,他复制的只是美的躯壳,而那来自灵魂深处的美却是永远也无法复制的。

7.埃及机器人

电子声响了!通电了!我的头好像可以动了,我试着看看四周。眼珠也可以动了!我的胳膊也可以动了!摆了一天的姿势,全都僵硬了!赶快给自己揉揉。我挪动我的脚,好像是可以走路了;我试着跳跃了几下,可以跳得很高了;试着挥舞手臂,可以舞动了;我试着旋转……啊!开心极了!

午夜十二点的钟声响了,大家都动起来了。我们欢快地唱歌,跳舞,因为我们是一群具有魔力的通电机器人。就是因为有了我们,埃及不再古老得凝固。我们既代表着埃及的今天,也记载着埃及的新生和进步。

第二单元　美

第一部分　理论概要

在第一单元我们已经讲到,表现力就是表现自我的能力。表现力有强弱之分,有些人的表现欲望虽然很强烈,但人们却不接受他,甚至对他产生排斥、厌恶和反感。为什么呢?因为他的表现不符合大众审美标准,这就告诉我们,表现力必须以美为前提。

表现力必须以美为前提,那么什么是美呢?美在哪里?

两千多年来,人们从未停止过对美的探索。人们以各种不同的哲学观为指导,从各种不同的途径解释美。然而,关于什么是美,众说纷纭,莫衷一是。

新中国成立以来,我国美学界曾对美的本质问题展开了学术争鸣。有人认为:"美是物在人的主观中的反映,是一种观念"或"美是人的主观感受"。这些对美的解释把美感与美等同起来,是唯心主义的美学观。还有人从社会实践中寻找什么是美,认为美是人的本质力量的对象化,美是劳动创造的,是实践的产物。这种主张实质上忽视了自然美的存在。唯有真正承认美的客观性,承认美存在于美的事物之中,从美的事物中探求美是什么,才可能通向发现美的真谛的道路。德国著名美学家、艺术史家文克尔曼说:"美是自然的一种最大的秘密,我们可以看到和感觉到它的效果,但是,一种普遍而清楚的意见,它本质上属于那未发现的真理。"歌德说:"美是费解的,它是一种犹豫的、游离的、闪烁的影子,它总是躲着被定义所掌握。"

黑格尔是德国古典唯心主义的集大成者,其《美学》中有许多著名的美学思想,对后世产生重大影响。他说,"乍看起来,美好像是一个很简单的观念。但是不久我们就会发现:美可以有许多方面,这个人抓住的是这一方面,那个人抓住的是那一方面;纵然都是从一个观点看去,究竟哪一方面是本质的,也还是一个引起争议的问题。"

从具体层面来说,人们使用美来称谓的事物也很多:视觉对象的——绘画等视觉艺术、自然景色、人物形象以及植物和动物形象等;听觉对象的——音乐旋律和某些声音;思维对象的——文学作品、情感、行为等。

美存在于人们普遍认为具有价值的客体中,是客观美的事物在人们头脑中的反映,凡能引起美感的对象就是美。那么有哪些对象能引起人们的美感?美究竟来自哪里?

一、美来源于大自然

自然界的各种动植物最能引起人们的审美感受。古代人类在大自然中采集和狩猎,就会对所采集和猎取的动植物进行鉴别和比较:它们是什么属性?对人有什么益处?它们生长在什么地方?同时人类对日出日落、风雨雷电、斗转星移等自然现象,也有了最原始的认识和想象。人类最基本的美感来源于自然。

当人们从情感上把自然界同人类加以联系,并进行对比和评价,自然现象就被赋予了意识形态的意义。例如我们古代神话中的盘古、后羿、嫦娥以及河神、山神等等。当自然与人类社会实践(生产生活)产生了联系,自然物就成了人化的自然物。自然物就不仅有单纯的自然属性,同时也具有了社会属性。人生活在大自然中，必然要受到大自然的感染和熏陶，感受到一种情趣和活力，无疑就会将自然人格化。例如，用高山比喻人品德的厚重，用大海比喻人心灵的宽广，用花朵比喻美女，甚至将闪电演化为图腾"龙"，成为一种民族精神的象征。大自然的美化为精神美、心灵美，从而激发人类更高的追求——生活美。从自然美到心灵美，再到生活美，大自然中的一切都有了社会意义。

二、美来源于劳动

自古至今，美都来自于劳动。当人类直立行走，在劳动中解放出自己的双手以后，也就解放了自己的身体。他们筑巢、耕作、取火、狩猎，不仅可以更好地生存，同时也锻炼了身体的匀称和动作的精确和优美。在有节奏的劳动中显现了男性的力度和女性的柔美，锻炼了面部表情的灵活性。通过劳动、征战、祈祷的各种动作、姿态及节奏，人们看到了人体自身的美，由此开始注重精神内容的表达。如收获时的喜悦、征战时的勇敢、祈祷时的虔诚等，所以祈祷、求福、插秧、伐木均有不同节奏的歌曲，不仅表达了劳动美，也创造了艺术美。因此，美来自于劳动，它存在于劳动之中。

三、美来源于社会

人类在发展过程中不仅履行自己的劳动职能，也履行着自己的社会职能。例如，古代人们围猎、征战、祈祷、祭祀时，都是以一种有节奏的形体动作、统一的步伐和声音表达共同的心理诉求。人们以社会成员的身份参加生产劳动，根据生产成果、社会职能的大小排序。这说明人们已学会从社会性的审美角度评价、展示自己。例如，在一些活动中，重要人物总要排在前面，次要人物排在后面，这就表现了对人的社会性的尊重。又如，原始部族中强壮的猎人，因为他们勇敢、健壮、有力量，能获得更多的生活必需品，人们就爱戴他们、尊敬他们。同时，他们也用猎物的牙齿、利爪装饰自己。部族首领也常用野兽的毛皮做头饰，以表明自己的身份和地位，给予身份和荣誉以特殊的强调。这样，美就具有了社会性。

我们之所以崇拜一些人——政治家、企业家、文学家、音乐家、英雄模范——很重要的原因就是他们所具有的社会性。例如助人为乐的郭明义、克己为人的白方礼、"打工皇后"吴士宏、义务到农村支教的大学生张爽、舍己为人的"最美教师"张丽莉、"最美司机"吴斌等等，都体现了其社会性，所以人们称他们为"最美"。

四、美来源于种族特性

在人类的发展进程中，不同的种族、民族有着不同的历史和地域特点，千百年的发展演变使其形成了不同的社会特征和生产生活方式。

不同的生活方式所展示出的高度的种族特性，给人以深刻的审美印象并具有独立的审美价值。例如，藏族生活在西部高原，所以有一种粗犷彪悍的美，而傣族生活在西双版纳，傍水而居，因此具有柔和清丽的民族特色和独有的形体韵律特征。

正如歌德所说，"我们周围有光也有颜色，但是我们自己眼里如果没有光和颜色，也就看不到外面的光和颜色了。"所以我们应该发现美，从大自然、劳动、社会生活及民族特性方面发现美、学习美。人们对美的追求从来没有中断过，人们对美的欣赏从来没有改变过，人们崇尚美、追求美。所以开发自身的表现力，只有以美为前提，才能被社会和他人欣赏接受，才会使自己更具亲和力、吸引力。

第二部分　教学内容与同步练习

一、形体训练

形体造型延续练习。可结合美的来源的理论部分,发现美、表现美。

(1)请学生做三种美的形体造型,可以连续做,也可以分开做。每位学生的动作不能相同,更不能模仿别人的动作,按顺序做完。

(2)当熟悉动作后,可选择平和的、激情的、忧伤沉重的三种乐曲,随不同的音乐风格来做三种不同造型,从而开发学生的形体表现力。

(3)即兴做三种造型,保持动作的优美。不能一味重复,尽量展示新的形体造型。

二、语言训练

即兴画几个图形,将图形与形体动作结合起来,即兴组织语言进行表达。

第三部分　教学目的与要求

一、形体训练

(1)通过练习努力开发自身的形体表现力和创造美的能力。

(2)将注意力高度集中在美的形体表达上,达到身心真正的松弛,消除紧张。

(3)感受乐曲,借助身体创造美、感受美、表达美,并表达不同情感。

(4)加强和提高表现欲,以达到不再害怕当众表现的目的,进一步努力展示自我更好的一面。

二、语言训练

(1)以图形加形体造型为题,进行即兴语言表达。图形是抽象的,形体造型是具体的,要求能将抽象和具体的两种事物有机结合在一起,用语言表达自己的思想感情。

(2)将抽象的图形具体化,将具体的形体造型进一步升华,共同表达一个观点,提高逻辑思维能力。

(3)注意语言表达时的状态,放松,展示真我,进一步克服紧张心理。

(4)根据题目,进行各种不同内容的语言表达,活跃思维,提高创造力。

(5)选择一篇即兴评述,配乐诵读,随音乐进行表达,提高语言的表现力。

第四部分 学生作业例稿

一、听班德瑞《寂静山林 12 摇篮曲》与图形结合即兴评述

(一)听班德瑞《寂静山林 12 摇篮曲》与图形 结合即兴评述

1. 天鹅

轻柔月光下,凉风习习。一群天鹅在清澈的湖水中尽情游弋。它们

或温情脉脉地交颈摩挲，或悠闲自得地梳理羽毛，或颈扎水中调皮地嬉戏。远远看去，湖水、月亮、天鹅映照成一幅美丽的图景，如果此时不可一世的纳西塞斯在此，关注的将不是自己的倒影，而是湖中的景色。

此刻的天鹅如此优雅从容，仿佛超然世外。这种来自于大自然的美给人以无限的沉思，美让人觉得时间似乎停滞，美让人将种种烦恼抛置脑后，只剩下万古长空、一朝风月的美好永恒。

2. 绵凫

一望无际的北极，坚冰覆盖着曲折蜿蜒的海岸线。在冰雪沟壑的角落里，有一个小小、小小的鸟巢。一只小鸟伫立在那里，它的身体泛着白紫色，似乎已经僵硬。但仔细看去，就会发现，它的眼睛温柔而明亮，闪烁着冰雪一般的光芒。它的嘴角微张，发出细微的声音，仿佛在轻轻歌唱。它的身体微微颤抖，身下躲着几只刚出生的小鸟，皮肤嫩红，正幸福地安睡。北极没有树枝，这巢是用什么筑的呢？细滑而雪白，与冰雪融为一体。原来，那是怀孕的母鸟忍着剧痛用嘴拔下自己的羽毛筑成的巢。母鸟用力地一下一下甩动脑袋，把带血的羽毛一根根拔下来，为儿女筑成温暖而柔软的巢，孩子们睡在温暖的家里，做着甜美的梦。而母亲身体的微紫是血渍冰冻的颜色！

这个鸟儿有个好听的名字，叫绵凫，还有个更伟大的名字，叫母亲。

3. 信赖创造美好

一个清新的早晨，我们荡舟河畔。双桨拨开层层薄雾，两岸榕树的绿荫映入眼帘。小船向前滑行，周围一片寂静。

薄雾渐渐散去，阳光照耀在水面上，我们在一棵硕大的榕树下停下来。一只画眉鸟飞了起来，它全身长满黑色的羽毛，滚圆的身子、小小的脑袋。它在榕树边盘旋了几圈，忽然落在我们的船头，活像一位威风凛凛的小公主。它忽然叫了一声,一大群鸟便飞了出来,有画眉、杜鹃、喜鹊,还有许许多多不知名的鸟,它们有的站在树上叫,有的落在我们的船头。

看着这些可爱的小精灵在我们身边嬉闹,无比欢畅,我想人类与动物的相处首先是我们对它们的友爱,然后才有它们对我们的认可。这就是我们所说的信赖!正如冯骥才老先生说的,"信赖往往创造出美好的瞬间。"

4. 生命的价值

淅淅沥沥的小雨下过,清晨的阳光洒向山林中的一草一木,湛蓝的天空有一道淡淡的彩虹。空气中弥漫着泥土清新的味道,树木的叶子上闪着晶莹的水珠,一切都是那样的清新与静谧。这时,茂密的树枝间传来一阵如银铃般的鸟叫声,树枝间,那一抹嫩黄的绒毛映衬其中,焕发生机。小鸟恰似落入凡间的精灵,在林间歌唱、跳跃,使得整片山林都有了生机。小鸟由一根树枝飞向另一根树枝,向着阳光最温暖处飞去。这就是大自然的灵动,而生命的价值便在于此,向着自己的快乐飞翔……

(二)听班德瑞《寂静山林 12 摇篮曲》与图形 结合即兴评述

风向标

在历史的长河中,我们乘舟前行、顺流而下。仿佛有一个巨大的风向标在指引我们,我们跟随着它前进。社会风尚是我们需要去追随的,一切美好的事物也是我们要追求的。但我们追求的是否是正确的?是否是自己所需要的呢?

其实,每个人手中都有一个属于自己的风向标。这个风向标在自己手中,需要自己去掌控。

如果在寒风凛冽、飓风席卷的时候,我们还能够按照自己的风向标行动,那么我们就能够一步一个脚印地走向光明。

或许这样的我们不是主流,或许这会使我们孤独无助,但凡孤独无助前行而不寂寞者均能成大事!

(三)听班德瑞《寂静山林 12 摇篮曲》与图形 ♪ 结合即兴评述

1. 独臂少女

世界上有很多图形都是对称的,然而这个本该是钻石一样的图形,却少了一半。这个残缺的图形一直在我眼前跳跃着,像一只蝴蝶翩翩起舞,又像独臂少女在跳舞,舞得那么美!

19 岁,人生最美好的花样年华里,舞蹈演员马丽因为车祸失去了右臂。失去右臂的马丽用义肢掩饰身体的残缺。用残缺的身体去跳舞,是多么艰难啊!但是一个真正的舞者不会轻易离开舞蹈的世界。

2010 年 8 月,中国达人秀舞台上,马丽回来了!带着同样残缺的翟孝伟登上了舞台,舞台上的翟孝伟永远扮演着马丽的右臂。一颗残缺的钻石终于复原了。

他们完美的舞蹈、对梦想的追求,打动了世界的亿万观众。在总决赛的舞台上,舞蹈《蝶之恋》让观众感到震撼,最后化蝶而飞的场景令人久久不能忘怀!马丽在舞台上飞翔了,她飞得那样高,飞得那么美!她就是花丛中最美丽的蝴蝶!

马丽,她让我们懂得了,残缺同样可以创造完美!

2. 不倒翁

小小的不倒翁,一下一下,反复地摇晃着,不知持续了多久。看起来没什么意义,反复摇晃,重复着同一个动作,单调乏味。但是,就是在这单调的过程中,不倒翁给那么多孩子带来了欢乐,陪伴着他们成长!我们的爷爷知道什么是不倒翁,回忆着不倒翁曾经给他带来的神奇;我们的父辈们知道什么是不倒翁,思念着拥有不倒翁的童年。

我们也爱不倒翁,因为谁也无法击倒它!不倒翁,以它独有的憨态、简单的摇晃动作,让我们懂得了,有时简单却是不简单,只要给人带来快乐,就会有无限的生命延续力!

(四)听班德瑞《寂静山林 12 摇篮曲》与图形 ⌣ 结合即兴评述

母鸡飞天

广袤的森林中,住着各种各样的动物,每一天,他们都上演着精彩的故事。一天,一只肥胖的老母鸡,她踱步于喧闹的森林中,看到雄壮的鹰飞翔在森林上空,眼中尽是羡慕。

她看看天上,又看看自己的身躯,她很想试试能不能飞起来,但看到其他动物都在,她害怕自己飞不起来被取笑,就低下头,往回走了。

终于等到了夜深人静,她东看看西瞧瞧,确定周围没有任何声响,于是悄悄来到林边。一次又一次地挥动着翅膀,跃起,又落下,跃起,又落下……尽管她知道自己注定会失败,明亮的夜空距离她是那么遥远,但她依然坚持着同样的动作。在一次次失败之后,她终于可以低低地飞行一段距离了!

老母鸡不断地飞起又跌落的身影就如同这个图形一样,深深地印在我心底。古有愚公移山,今有母鸡飞天,虽说道路很曲折,前途也不甚光明,但坚持本身就是难能可贵的。

(五)听班德瑞《寂静山林 12 摇篮曲》与图形 ⌒ 结合即兴评述

没有一成不变

我们都知道三角形的结构是所有的图形中最稳定的,三角形的结构被广泛运用到生活当中,例如房顶、自行车、衣架……可是如果将一个稳定的等边三角形旋转45°放置,它的稳定性也就随之消失了。我们将现在的这个图形倒过来看,三角形在下面,月牙在上面。此时,这个三角形就失去了稳定性,无法支撑这个月牙保持平衡。

世间一切事物都有其特性,可是这种特性在一定的条件下才可以成立。如果人为地改变了其存在的条件,那么其存在的意义也将随之被改变。万事万物都是依附着某些条件而存在,没有一成不变的规律,没有永远稳定的三角形。

(六)听班德瑞《寂静山林12摇篮曲》与图形 ⌣ 结合即兴评述

远航的意义

远航的游子要出发了,船已经停在了门外的海边。母亲叫住儿子:"唉,孩子,昨天我看到船帆有些破裂,拆下来补了补,你拿去重新挂起来。路上注意安全,到了就给家里写封信报个平安。"儿子点头称好,眼里有些依依不舍。这时,父亲从里屋出来:"小子,都不跟你爹告个别,翅膀硬了,急着飞啊?"说着,使劲拍了一下儿子的肩膀,"这些钱,你拿着!"父亲从口袋里拿出钱,是用擦汗的手帕包着的钱。儿子知道,这些钱是父亲辛苦打鱼大半年挣来的,自己又怎么舍得拿呢?不过再怎样也拒绝不了倔脾气的父亲,最终还是收下。出门,上船,看着父母挥着的手越来越远,心情难以平息。

父亲教会了儿子航行,母亲教会儿子照顾自己,可换来的只是儿子的远离。儿子觉得自己就像是海面上行驶的这只船,父亲是舵,指引方向,母亲是帆,给予力量。正是有了他们,才让自己懂得生命的意义在于远航。

(七)听班德瑞《寂静山林12摇篮曲》与图形 〰 结合即兴评述

1.森林系女孩

小时候的我们总会希望森林里有精灵或仙女的存在。而现在,在现实生活中,童话故事中的人物真实存在了!

漫步在森林中,沐浴着阳光,欣赏着沿途的花朵香草,总会让我们感受到格外舒适。她穿着宽松的布料棉裙,一头飘逸长发,脚踩平底圆头鞋,带着森林般的清香气息,如同从森林中走出来的"森林仙子",她被称为"森林系女孩"。

她裸妆,不盲目追求名牌,生活态度随意自然,爱用相机记录生活。

她温柔浪漫,简约自然,甜美可人,有着浓浓的自然气息,让人最想接近。

森林系女孩简单自然地生活,享受当下的幸福,这才是最健康最时尚的人生态度。

2. 放松

听着这首《寂静山林》,就仿佛走进了一个幽静的山谷,呼吸一口新鲜的空气,开始一段瑜伽的练习。慢慢地吸气,呼气,放松。当你的呼吸变得均匀、顺畅、自然,又像走进一片绿色的草原,阳光透过云层,散落在你身边。蔚蓝的天空微风飘过,鸟儿欢唱,流水轻响,你会感觉自己的身心一点一点放松下来。

只是我们常在生活的高压下,精神总是绷紧,忘了怎么放松。或许你需要慢下来,给自己一点放松的时间,有张有弛,才能感受那美妙的绕指柔情和那五光十色的遐想。

二、听柏辽兹《拉科奇进行曲》与图形 ◎ 结合即兴评述

1. 回旋舞

13世纪鲁米创立回旋舞时一定没有想到,八百多年后的今天,人们仍然用它来摆脱世俗纷扰,用它来寻找自己的伊甸园。

任何时候,寻找都是一个艰难的过程。人们从原点出发,画出短短长长的抛物线,就这样,从起点到终点。你走过一段路程,似乎是有了想要驻足的地方,然而一切都是短暂的,又会有充满魔力的声音对你呼唤:"也许,还有更好的终点。"于是你又马不停蹄地上路。越过高山,享受那广阔的草原和蓝天,沿途有数不尽的风景。就此停止吗?不!

于是,又有了新的起点。回旋舞还在继续,人生也总是在路上,既是起点,也是终点。

2. 花形钻石

在金伯利的大矿坑,工人不停地在向地心深处挖掘,三五成群的工人将采集到的石头抬下山。原石被送到工匠手中,劈割师将石头劈成几半,研磨师将石头切割成不同的花形,车磨工人把它所有的瓣面(刻面)展示到众人面前……最后,切割师对每一个刻面进行手工抛光。于是,原石历经了千次的刀割、万次的打磨,终于散发出最夺目的光芒,成为世上最昂贵的石头——钻石!不经磨砺,怎能散发出举世瞩目的光彩?

3. 占领高地

他知道,对面的那迂回形的高地必须先攻占下来,只有这样才能为战友们提供一个绝好的进攻地形。可是对面的火力攻击一刻也没有停过,该怎么办呢?用大炮去轰炸?不行。用手榴弹?也不行。唯一的办法,就是自己潜到敌军那边,点燃炸药!他环视身边,战友们依然在顽强地抵抗着。他举目向远处眺望,山的那边就是自己的家,家,已经被摧毁了!于是,他背上了炸药包,无数颗子弹从他身边飞过,他艰难地爬向对面的高地……轰!一阵震天动地的巨响,飞扬的尘土遮住了一切。突然,一阵呐喊声从四周响起,在倒下的那一刻,他看见了战友们紧握着钢枪满腔怒火地向敌军冲去。在眼睛闭上的那一刻,他看见了自己军队的旗帜,在那片迂回形的高地上升起。

4. 圆规

其实，人的天资高低就如同圆规规臂的长短。规臂长的圆规一定能画出大圆吗？不见得。天资高的人就一定能取得很大的成就吗？不一定。但有的人不相信自己有很长的规臂，也不愿努力张大自己的规角，所以就只能原地踏步画出一个很小的圆，这是人生最大的遗憾。而有的人，明明只是一个小圆规，只有很短的规臂，却想画一个比天还大的圆，就算再拼命努力，也是徒劳。

其实，他们只要挣脱自我的束缚，跳出来看清自己，也许，就会有所收获，命运的结局当然就不一样了！

三、听尼古拉斯《大峡谷》与图形结合即兴评述

(一)听尼古拉斯《大峡谷》与图形 ☆ 结合即兴评述

1. 候鸟飞过

有时候觉得自己像候鸟，飞过山谷没有留下什么痕迹，一路上尽是飞扬的尘土、沉重的行囊。

一条条横竖交错的路，没有尽头，人的一生就像是候鸟掠过的天空。

其实，在生命中，注定在某一时刻会发生某些事，会遇到某些挫折、某些迷惘，过后一定又会豁然开朗。

天空有候鸟飞过的痕迹，而我的路上，有云，有风，有歌声，有许许多多数不清的情结。我就像一只候鸟，飞过那高高的、湛蓝的天空，飞过那无边无际的海洋，飞过深不见底的峡谷。即使天空、海洋、峡谷没有留下鸟的痕迹，但我已飞过！

2.鹰

烟雨凄迷,两边是苍翠高耸的山峰,脚下是奔流不息的河水。岩石边,一只垂死的雄鹰,孤独地凝望着周围的一切。

这只雄鹰,它曾经有明亮锐利的眼神,有不怕风吹雨打的坚强的翅膀。可如今它只能无力地、迷茫地仰望天空,死亡的阴影紧紧地围绕着它。回望这再熟悉不过的风景,它仿佛看到年少时的自豪,曾有过的俯冲时轻盈的身姿和穿越这万丈深壑时的矫健。是的,它曾是天空中不可超越的王者,想到此它终于攒足了力气,抖动着巨大的翅膀,毅然飞下了深渊,最后化为一个圆点、一颗浮尘……消失在万丈深渊中。

雄鹰曾有王者的勇猛,生命终结时也如此悲壮,终生散发鹰的光芒!人们啊,我们究竟应该怎样做、怎样想?

(二)听尼古拉斯《大峡谷》与图形  结合即兴评述

1.森林的颜色

寻找食物是每个生物的天性,可是,人类不能以此为借口,肆意地杀害动物。谁也不想在几十年后、几百年后,森林峡谷中只有死寂沉沉的黑色,只有压抑寂静,只能指着图片对自己的子孙说,曾经,这里有很多美丽的动物和五光十色的生命。

生命是平等的,生命也是平衡的,谁也没有权利结束他者的生命。如果动物都灭绝了,人类也终将会成为这个世界的历史和过去。

2.两个小和尚

在音乐《大峡谷》铿锵的鼓点声中,我们也听到了潺潺的流水声。水是生命之源,我们每个人都在寻找生命的源头——属于自己的那口井。

两个小和尚住在两座相邻的山上,每天傍晚时分都会去山间的小溪

打水。忽然从某一天开始,左边山上的和尚不再去打水。右边山上的和尚决定上山去探个究竟。上山后他惊奇地问:"你这么长时间不打水,喝什么呀?"对方答道:"一直以来,我每天都在挖井.终于如愿挖了口井,这样我就不用外出打水了。"

思想观念决定我们的行动。正如打水的和尚一样,不下山打水,挖了属于自己的井,喝水更方便。

3. 福祸相生

听!你听到了鲨鱼的哭泣声了吗?它在尖叫,它在嘶吼,它在痛哭!

我仿佛看到人类此时正拿着一把尖锐的刀想要割掉它最珍贵的鱼鳍。鱼鳍是鲨鱼最宝贵的东西,却也是它的枷锁,给它带来了致命的灾难。

在生活中,我们又何尝不是如此呢?宋玉才貌双全却遭人嫉妒被陷害;韩信高超的军事才能给他带来了杀身之祸;杨修恃才放旷被曹操所杀;明末著名玉匠陆子冈琢玉技艺巧夺天工,因将自己的名字刻在了玉器上而触怒龙颜,也丢掉性命。

因此,有才能之人应当适当收敛一些、含蓄一些,隐而不露,才能保全自身,不会因福得祸。

第三单元　外在美与内在美

第一部分　理论概要

上一单元我们讲到,表现力必须以美为前提。有人把美分为外在美与内在美。实际上,外在美与内在美(心灵美)紧密相连、相辅相成。例如,我们初见一个人,在没有深交的情况下,也许会感觉他形象仪表都很好,但深交之后,才知此人品德恶劣,会觉得他面貌可憎。相反,有的人第一次见面,给人感觉相貌平平,甚至有些丑,但当了解到他的高尚品质时,我们便不再在意他的相貌。例如,深山投递员王顺友,并不英俊,当你了解到他为了让乡亲们得到外地亲人的信息,几十年只身一人出没于深山的事迹后,会感到他高尚的品格、信义和责任。外表美不单是外表的形象,也表现在行为、表情、动作、姿态、声音、语言、风度等方面。同样,内在美也必然会通过可感可见的外表、形为等表现出来,因为内在美是外在美的本质。内在美是以人的道德观念为基础,是一个人对自然、社会、同类情感深度和广度的体现,例如善良、爱心、勇敢、仁慈、责任、节俭、勤奋、理想、信念等美德。例如,聋哑人邰丽华身残志不残,表演的舞蹈《千手观音》感动了全世界,体现了她不懈进取的精神和对生活的热爱;"最美司机"吴斌在生命的最后时刻完成了保证乘客安全的一系列措施,充分体现

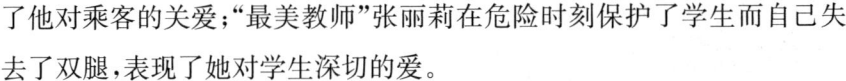

了他对乘客的关爱;"最美教师"张丽莉在危险时刻保护了学生而自己失去了双腿,表现了她对学生深切的爱。

一个人外表的美丽、品位的高雅等有助于美的情感表达,会更容易引起共鸣,从而促使其进一步提升自己的内在美。所以歌德说,"无所谓内,无所谓外,外就是内,内就是外。"因此人的形象美又表达着内在的情操、道德、人格、品位。

朱光潜曾说,"美之所以为美的道理,就在于内容与形式的统一,感性与理性的统一,客观与主观的统一。"

第二部分 教学内容与同步练习

一、形体训练

(1)要求用形体表现各种不同的空洞,数量越多越好。
(2)在创造空洞的过程中,体味和表现事物的神韵和情感内容。
(3)双人形体造型练习。先由一个人做一个形体造型,另一个人做相对应的形体造型,如一个站、一个蹲,相互对应。(见光盘)

二、语言训练

(1)把形体造型中的空洞练习与话题"天空"(包括天空的自然现象)结合即兴评述。
(2)在评述时,不仅有外在的形象描绘,也要有对本质的思考和认识。

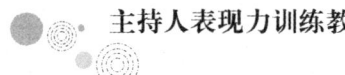

第三部分　教学目的与要求

一、形体训练

(1)继续开发美的形体表现力,提高形体的可塑性。

(2)通过不同的造型,体会不同造型的内心感受,创造美,感受美,纠正不良的形体习惯。

(3)根据形体造型,带动内心情感,表达内心情感,使每一个动作都有一定的情感色彩。使学生明白,只有以内心情感做外部动作的支撑,才能达到内外统一,才有情感的感染力。教师必须帮助学生找到每个造型的形象依据和神韵。

二、语言训练

(1)要求评述不仅要完整,而且要有思维的开阔度和语言的趣味性。

(2)结合话题"天空"练习,增加评述的思辨性和深度,不能仅限于眼前的事物。

(3)在评述时内心必须有对象,有体会,而不是简单地背诵。

第四部分　学生作业例稿

形体训练"创造空洞"与话题"天空"结合即兴评述。

1. 天上地下

为了一颗向往天空的心,嫦娥飞了,她如愿地上了天。可是,在她到达梦想中的天空时却发现回不来了,她失去了原本拥有的,终日在清冷的广寒宫中与玉兔为伴。

古希腊的代达罗斯,将自己的儿子背在背上,用羽毛和蜡做成翅膀飞上了天。然而,由于飞得离太阳太近,结果蜡被熔化了,自己的儿子也掉到海里面淹死了。

嫦娥和代达罗斯都是勇敢的,但同时也是可悲的,一味地飞向天空,却没有得到好的结果。何必让自己的心那么沉重呢,享受你拥有的一切,即使没有翅膀上不了天,在大地上依然会很快乐。

2."心形"天空

曾经有无数人问过:天空是什么形状?天空有多大?天空有没有边际?阴阳学家说天圆地方,天空是圆的;古代神话中女娲以石补天,天空是一块大石头;中国传统文化认为地球被天包裹,天空是球形的。后来我们终于知道了答案,其实天空是没有形状和边际的。

但是我觉得,无论哪个答案都不是我想要的答案。在我看来,当我躺在草坪上,看到阳光明媚、天空湛蓝明净,惬意地伸出双手摆出"心形"造型的时候,天空就是最美的天空,它就是我心中天空的形状。我可以用这个"心形"框进最灿烂的阳光、最绚丽的彩虹,甚至最和煦的春风。这个天空,不属于别人,只属于我。

其实,很多事情的答案原本很简单,结果只在于你想要的是什么。与其争论不休执意找出真相,还不如尽情享受你心中最美的想象。

3. 适应接受一切变化

看花开花落,品云卷云舒!世间之事,瞬息万变。

抬头看天,天空中的云朵恬静、洁白,静静地飘浮。你会觉得,生活就应该这样,简单而又平淡。可是当一道闪电划过,乌云聚集,狂风大作。你茫然了,不知所措。可就在你不知所措的时候,闪电却早已过去,阳光依旧灿烂!

其实,生活如天空,瞬息万变!我们需要的是学会适应,学会克制。当磨砺过后,一切如初,但你已经不是以前的自己。

4. 闪电

它是天空的精灵,它是响雷的伙伴,它是天空中最为神奇的现象——闪电。

每当倾盆大雨之前,总会有雷声隆隆,自然也会有闪电划过。虽然它只是一个普通的自然现象,却如此犀利,好像会划破天空,会划破整个世界。回顾世界艺术史很多伟大的人物,他们就是那个划破时代桎梏的闪电。乔托是一道闪电,他用自己对真实世界的关注,打破了黑暗的中世纪的桎梏。他不认为上帝不可侵犯,要将真实的世界展现在人们面前。他不认为艺术是上帝的奴仆,要将《圣经》故事图解得真实。他,一个出身贫寒的放羊娃,最终成了文艺复兴的大师;他,一个在画室的普通学徒,最终让黑暗的中世纪画上了句号。

也许天空不会总是晴空,但在最黑暗的时刻,总会有闪电精灵般划过,结束那永久的黑暗。

5. 天地之恋

当世界初现,天地还未分开,没有光明,没有纷争,有的是一片沉浸在黑暗中的静默。可就在这时,盘古睡醒了,他讨厌这安静、抗拒这黑暗,于是拿出斧头开天辟地。天空不停地往上飘,地也不停地往下沉。曾经紧紧相依相偎的两者,距离越来越远。天创造了白云、太阳还有闪电,它每天对着地面变换不同的姿态,让爱人开心、使自己安慰,还将思念的泪水

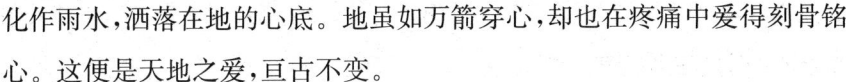

化作雨水,洒落在地的心底。地虽如万箭穿心,却也在疼痛中爱得刻骨铭心。这便是天地之爱,亘古不变。

6. 十万八千里外是什么

天空是无限大的,而空洞只是一个小圈子。小学的时候,班主任一直对我们说:"你们如果现在不好好学习,一辈子都将是井底之蛙"。我那时在想,井底之蛙不是挺好的吗,可以看见天空就行。

初中的时候,我很喜欢《西游记》。当我沾沾自喜地告诉同学们说孙悟空一个跟头就能翻十万八千里的时候,同学们用羡慕的眼光看着我,我很得意!其中一个同学问我,孙悟空如果再翻一个十万八千里是到哪啊?当时我无法回答,心里在想,那孙悟空肯定会翻到另外一个更大的天空了……

高中的时候,我的物理学得很棒。开始我觉得物理很简单,但到了最后,我发现越来越难,好像走出一个天空之后,还有另外的一个天空,永远都有走不完的天空!

回头看看自己走过的路,恍然间悟到,自己曾逾越的,哪里是什么天空,无非只是一个个空洞而已。

我在文殊院遇见一位大师,他对我说,烦恼皆菩提,意思就是烦恼皆智慧。空洞本身就是一个烦恼,如果你克服了它,你将收获一份智慧;如果你能看到更多的空洞,并去克服它,你将收获无穷的智慧。

十万八千里以外是什么?现在可以告诉那位同学了,答案是:十万八千里之外仍然是天空!没有最远,只有更远!

7. 追求到永远

诗人臧克家说:"有的人活着,他已经死了;有的人死了,他还活着。"生老病死是一种自然现象,却有两种不同的宿命,或是天堂,或是地狱。

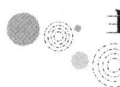

"小小少年,很少烦恼。"少年时期,有年轻的梦和童真的心,有对未来的美好期许,用梦想来扬帆起航。青年时期,面对的是择业、创业,是年少轻狂后的自我定位,第一次明白了什么是责任,什么是梦想。一晃到了中年,这时已不再浮躁、冲动,时光与阅历沉淀下来的是思想。问天再借五百年,不知有多少人还有期许,还有渴望。用不懈的追求,用最完美的谢幕架起自己通往天堂的桥梁。

抬头看天,天是最公正最权威的大法官,让我一生问心无愧,直面青天!

8. 取景框

用右手的拇指、食指分别与左手的食指、拇指相接,形成一个长方形的框,这就成了一个取景框。摄影、写生的时候,按照需要取舍景别,以获得满意的构图。在生活中,我们其实也需要一个取景框,来对自己所面对的选择进行取舍。取,是种智慧,舍,更是一种领悟。取舍之道,是为人处世的至高境界。人生在世,面对的道路有千万条、面临的选择更是数不胜数,学会如何取舍,是人生的智慧体现,更是自然界万物的生存之道。雄鹰选择了在天空中翱翔,必然失去了在海底畅游的机会。然而它却从不为此而后悔,因为雄鹰知道,自己生来就属于那片蔚蓝的天空。大自然是如此,我们人类又何尝不是如此呢?当我们面临取舍的时候,不妨把自己的性格、能力、环境和追求化作一个取景框,让它帮助我们更好地寻找属于我们自己的一片天地。

9. 蒲公英

我是一株蒲公英,一株渴望飞翔的蒲公英。终于有一天,我脱离了母体飞向天空,飞向我的梦。

那渴望已久的飞翔,飘飘如云,轻薄如丝,无限风光!有一天,我遇到了飞扬的尘土,它说:"你那雪白的羽毛真让人羡慕,飞翔在空中的姿态真美。"我高兴地说:"谢谢!"它又问:"难道你不感谢风吗?没有风你是飞不起来的。"我冷笑着反问:"风,风是谁?"转身便飞走了。

我继续飞翔,飘过一片寂静的山林和一个深幽的大峡谷,突然,风没有了,我立即落在了一片荒芜的土地上。我努力地挣扎,却再也飞不起来了,也许就此枯萎了。

此刻我想对人们说:"请珍惜你身后默默无闻支持你的人吧,因为没有他们,你无法飞翔。"

10. 空洞与阳光

阳光透过树叶的缝隙洒在林荫大道上,缝隙将光与影的距离拉近,将天与地的距离拉近。地面上,有温暖的心形,有可爱的菱形,有跳动的音符。抬起头,细小的灰尘在缝隙中舞蹈。这让我想起一切关于浪漫和温馨的故事。

热恋中的情侣手挽手走在这样的阳光里,呢喃着绵绵情话,或笑语嫣然,或脉脉含情。

年轻的父母牵着孩子,阳光下是三个拉得长长的影子,幸福就在父母的叮咛教诲中和孩子稚气的应答间。

满头华发的老人互相搀扶着,步履蹒跚,爬满皱纹的脸上刻写着岁月的沧桑和他们相濡以沫走过的人生。

柔柔的阳光,斑驳的树影,自由的空气,透过每一个缝隙都能看到不同的美丽。人们常说,世界上并不缺少美,而是缺少发现美的眼睛。我们总是在匆匆忙忙地行走着,来不及俯身嗅一下花草的香气,顾不得抬头望一眼蓝天白云。也许,换上一种心情,生命中处处都是阳光灿烂和鸟语花香,即使在阴雨绵绵的日子透过云的空洞也可以嗅到阳光的味道。

11. 星星

夜幕降临,一轮明月悬挂在空中。月光透过淡淡的云层若隐若现。静谧的夜空下,无数小星星也在欢快地眨着眼睛,就像那镶在深蓝色丝绒上的一颗颗宝石,闪闪发光。静谧的夜空仿佛是它的舞台,在这方天地绽放出生命所有的光芒。于是我们惊叹:星星真美!可我们谁又曾想到过,地上那丑陋的陨石也曾是星星。那凹凸不平的表面、杂乱无章的条纹,似乎与我们印象中美丽的星星没有丝毫的关系。可事实上,它们就是星星!在夜空中,虽然时常会有风雨云雾遮挡住星星的光芒,但云雾过后星星始终是夺目璀璨的。在肥沃的土地上,虽然没有风雨云雾的遮挡,但星星却变成了丑陋的陨石,无人问津。只有在自由的天空中,星星才能变得夺目,在土地上它只能是不起眼的石头。一片适合自己的天空能给你展现的舞台,一片不适合你的土地,再肥沃也开不出生命之花。

12. 影子

晴朗的午后,没有一丝风。蔚蓝的天空中飘浮着几朵洁白的云,静得像在做着一个美梦。蓝天白云倒映在一片碧绿的湖中,不起波澜,不泛涟漪,天地辉映,似是一幅美好的镜面画卷。

一个孩童来到湖边,看看湖面,望望天上,一模一样的景象让他觉得奇怪。他捡起一粒石子扔向湖中。石子打着水漂飞了出去,湖中的美景瞬间支离破碎。而抬头看去,那蓝天白云如初,天空依旧静谧美好。

做影子早晚会有破碎的一天,做自己才会永恒!

13. 定位

因为有了月亮,我们才能感受到"床前明月光"这般静美的意境,听到《月光曲》这般优美动人的旋律。因为有了太阳,我们才能感受火焰般的热情,听到呼唤,看到希望。有了日月交替,我们才能分别享受白天的光明和夜晚的静谧。

由双手和双脚组成的空洞就像是太阳和月亮。手有手的功能,脚有脚的作用。而有一次,月亮却渴望与太阳并肩齐行。于是,月亮一步步靠近太阳。但每走一步,她都要被对方的炙热灼伤,而此时的天空也时而明亮时而灰暗,有时还有令人恐惧的阴霾。最可怕的是,白天黑夜不再那么分明。世界混乱,人们惊恐,动物逃窜,一切都失去了平衡……

月亮终于明白,靠近是错误的!月亮和太阳有着各自不同的定位,如果因为个人私欲而不顾大局,伤害的不仅是周围的事物也包括自己!

14. 空洞也精彩

伞破了,上面有个大洞,于是主人把它丢进了垃圾桶。一个小姑娘路过这里,发现了这把鲜艳的伞,蹦蹦跳跳地跑去捡了起来。"砰",孩子撑开了伞。哇!好漂亮的伞呀!上面有花有草还有欢乐玩耍的小狗!啊!这里还有天空和太阳!孩子抬起头,一束阳光透过伞上的大洞打在她的脸上,阳光晃得眼睛都睁不开了。孩子高兴地收起伞跑回家,边跑边喊:"妈妈,我拣到一把神奇的伞!伞里面有一大片天空呢!"

角度决定眼界,眼界决定心态,心态则改变人生。

15. 宇宙垃圾

自 1950 年 7 月,第一枚火箭划破长空,飞向太空后,人类就在不断地向太空发射火箭。我们的大气层就像是一个筛子,到处是火箭通过留下的空洞。很多火箭因为回收成本等问题,被永远地留在了太空中,成为了飘浮在太空的垃圾,围着地球做着周而复始的圆周运动。据不完全统计,太空中现有直径大于 10 厘米的碎片 9000 多个,大于 1.2 厘米的有数十万个,而漆片和固体推进剂尘粒等微小颗粒可能有百万之多。我们一直在提倡保护生态环境,因为我们能看到身边的环境在一点点恶化,但我们无法透视太空。

看不到不代表不存在,太空的环境已遭到严重的破坏,到了需要关注的时刻。这些天上的空洞,代表了希望,同样也代表了危机。

16. 丽江的天空

这是一座被千年历史涤荡过的城市,这是一座离阳光只有一米的古镇,这是一个"爱情开始的地方",这里,就是云南丽江。

初来丽江,有种误入桃花源的感觉,那里,处处芳草鲜美,落英缤纷。丽江的天空,整整一大块蓝色,蓝得叫人心旌摇荡,蓝得魅惑且彻底,通透得没有一丝杂质,仿佛所有的红尘俗事都被隔绝在这之外。

丽江的小溪是最有神韵的,当你漫步古城街头,随时都能听到水的淙淙欢唱,清清的溪流穿城过巷,纵横交错,令人心驰神往。

傍晚时分,来到古城最高处,向下俯瞰,街上的古宅一间连着一间,朱红色的瓦片铺成的房顶,斑驳却不失神韵,就那样整齐地衔接,向着天边无限延展,总是让人意犹未尽、浮想联翩。

第四单元　美感

第一部分　理论概要

美感是人接触到美的事物所引起的一种感动,是一种赏心悦目、怡情悦性的心理状态,是人对美的认识、评价与欣赏,是人们审美需要得到满足时而产生的主观体验,是对事物美的体验。人的美感不是人的自然的禀赋,而是在人的自然的禀赋的基础上经由社会历史实践的产物。[1]

美感有两层不同含义。一是审美的能力,二是审美的情感。审美能力主要建立在丰富的想象力基础上。审美的想象力是在异中见同。例如,我们看到迎春花,看到柳枝上的嫩芽,看到冰层融化的小溪,随即想到初春。当我们看到大自然,就会浮想联翩,把自然人性化、人格化。例如,诗人看到小草,写出了"离离原上草,一岁一枯荣,野火烧不尽,春风吹又生"的诗句,借自然界中的小草,赞扬人顽强的生命力。反过来,也可以由人联想到物,如"洁身自好"会使人想到"出淤泥而不染"的荷花,不畏苦寒的精神让人想到梅花等等。人的审美能力便是将客体的自然与人联系在一起,通过联想和想象,进而赋予人或事物更深层次的含义。

---

[1] 张丹:《美感的本质特征与电视节目主持人》,《新闻窗》,2008年第3期。

审美情感是指主观对客观的态度引起的美感,这种美感并不仅仅来自于客体的外在形象,而是人通过物的外在形象,产生一系列思维活动、心理活动。所以,审美情感是对事物提升到一种感性与理性相统一的高级情感阶段的美感。审美情感也来自对生动形象的感悟,如"红杏枝头春意闹","细雨鱼儿出,微风燕子斜",诗人对红杏、细雨、鱼儿、燕子形象有了个人独特的感悟,通过这些形象表现了春天万象更新、欣欣向荣的景象和意境。又如,"山中一夜雨,树杪百重泉","幽林一夜雨,洗出万山青"无疑是对青山、夜雨、树梢、山林形象有了感悟,运用这些形象表现雨后清新明净的景象和意境。以上这些语句都运用了鲜明的形象,以情寓景,是审美情感的直接表露。因此,没有对形象外在与本质的思考和认识,没有联想力和想象力,就不可能产生审美情感。一个人缺乏美感,无法鉴别什么是美,也就无法创造美。

美感不是快感,快感是人的感官接触外界事物引起的简单和直接的感觉。例如,饿了吃一顿饱饭很舒服,累了睡一个好觉很解乏,是生理上的满足。而美感要复杂、丰富、深刻得多,美感是感性与理性认识统一后所产生的精神的愉悦。

没有主观对客观形象的捕捉不会有美感,没有对形象内在深刻的认识和理解也不会有美感,所以美感是感性与理性的统一。

不同的历史背景、不同的时代、不同的阶层有不同的观念,也就有不同的审美标准。大多数人对美都有相同的认识,因为审美不是狭小生活领域中个人的偏爱,而是更广阔层面的社会性的偏爱,这就是审美的一致性。

审美有不同的层次,最普通的是悦耳悦目,其上是悦心悦意,最上是悦志悦神。只有自己有了审美能力、有了审美情感,才能塑造使更多人接受、肯定和欣赏的更美好的自己。

第二部分　教学内容与同步练习

一、形体训练

(1)根据喜、怒、哀、惧四种不同的情感类型进行形体造型。
(2)不同的情感类型的造型,要找到不同的内心依据和应有的神韵。
(3)用音乐配合不同情感类型的造型,以带动内外情感的表达。

二、语言训练

(1)以喜、怒、哀、惧四种情感的一种或两种与话题"大地"(包括山川、江河、大海及动植物中的一种或两种)结合起来为题目,进行即兴表达。
(2)必须有自己独特的思考和见解。
(3)要求表达状态良好,松弛自如,语言简洁清晰。

第三部分　教学目的与要求

一、形体训练

(1)通过这一单元的训练,提高学生情感表达能力,使学生的形体动作有充分和明确的内心依据,教师要帮助学生产生真实的内心体验。
(2)让学生感受到,内心越充实,外部动作越生动传神,而外部动作越生动传神,反过来又可以更好地作用于内心,从而将注意力始终集中在自

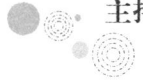

己的动作上。

(3)学生在动作中达到真正的松弛,同时又能提高对形体的控制能力。通过形体塑造找到良好的形体感觉,纠正不良的形体习惯。

二、语言训练

(1)借助景物进行即兴评述。

(2)即兴评述,展示个性。

(3)大胆设想,构思上新颖别致,结构上巧妙出新,内容上丰富多彩,语言上流畅清晰。

(4)要求表达状态良好,情绪饱满,仪表端庄大方。

本单元训练主要是开发学生情感调动能力,使形体造型和即兴语言表达有内在情感支撑。

第四部分 学生作业例稿

形体训练喜、怒、哀、惧四种情感(或其中之一)与话题"大地"结合即兴评述。

1.含羞草

山谷的清幽处,生长着一株含羞草。人们常为它周围的美景而陶醉,它却始终闭着眼睛,对近旁的美景视而不见。因为一出生,上天便给了它这样的心性,一生都将活在恐惧之中。

它每一日都惊恐如末日,每一日都苟活如绝命。每个白昼它都在担忧夜的来临,每个夜里它又开始担忧自己的命运。

夜莺的曼妙之声,在它听来是死神将至的墓歌。森林里的绿光,在它看来是地狱里夺命的鬼火。淅淅沥沥的雨点,它偏执地认为是世上最毒的鸩血。于是,它战战兢兢地活着,又将惴惴不安地死去。因为,不曾向世界敞开怀抱的人,世界也不会给它拥抱。

2.陈子昂

历史上,心怀天下的文人都想辅君主、济苍生,成就一番伟业。然而背负着英雄梦的文人们,又有几人能够如其所愿呢？

那是一个秋日的黄昏,风吹着地上枯萎的叶子沙沙作响。一位神情忧郁、面容憔悴的诗人缓缓登上幽州台。夕阳的余晖像一条条锁链,缠绕着他沉重的脚步,他就是唐代诗人陈子昂。远眺着脚下的这片土地,这儿曾经是荆轲与燕太子丹诀别的地方。虽然荆轲的刺秦行动失败了,可是却磨灭不了他最后的悲壮。

陈子昂想到自己,直言进谏不被采纳,也不能够到战场上奋勇杀敌,没有人能理解他此刻的无奈与伤感。他单薄的身躯倚靠着栏杆任凭泪水纵横,心田一片荒芜。满怀失意的酸楚与落寞,他在这里写下了"念天地之悠悠,独怆然而涕下"的诗句。

这是他壮志难酬的哀怨,还是感慨古今的怀想,抑或是近乎绝望的呐喊？这是他个人的悲剧,是时代的悲剧,更是历史长河中无法抹去的一段辛酸史。

3.荆棘鸟

西方有这样一种鸟,它毕生只歌唱一次,但歌声比世界上任何声音都悦耳,它就是荆棘鸟。

它一旦离巢就会寻找属于自己的一棵荆棘树,当它把自己娇小的身躯扎进那棵最尖最长的荆棘上,流着鲜血放歌时,那凄美动人、婉转如霞的歌声使人间所有的声音黯然失色。

一曲终了,荆棘鸟终于气竭命殒,它以一种惨烈和悲壮的形式塑造了美丽和永恒!

在为了目标而奋斗的过程中,你是否也会像荆棘鸟一样即使遍体鳞伤也绝不后退。我期望,有更多的人能如荆棘鸟般,为了自己的那棵荆棘树勇敢向前飞翔!

4. 天与地

人类毕生都在追逐高处,却不在意脚下的大地,如嫦娥奔月、如夸父逐日。但只有独居在寂寥冷清的月宫时,嫦娥才开始怀念人间烟火与脚下大地。而夸父穷极一生都没能触摸到太阳的轮廓,反而是脚下大地在他倒下后包容了他的尸身。多么可悲,又多么可笑。到现代,人们对于高度的迷恋更加狂热,卫星、高空游戏、摩天大楼,都是现代科技的象征,却在灾难发生时又无比脆弱。每逢此时,人们才会迫切地有想要脚踩大地的念头。

如果说仰望天空代表的是人类文明的高度与本能,那俯视大地代表的是人类文明的深度和本源。

5. 藏羚羊

藏羚羊与冰雪严寒为伴,自由自在地生活在世界屋脊——青藏高原。藏羚羊的羊绒被称为"羊绒之王",也被称为"软黄金"。偷猎者便是因此而射杀藏羚羊。

藏羚羊有着强大的群体精神。一只藏羚羊倒下了,数百只藏羚羊围在一旁。它们之中,有的是强壮的头羊,有的是藏羚羊妈妈。还有正在低头吮吸乳汁的小藏羚羊,要知道,失去了母亲,它们无力保护自己,不久,便将被其他食肉动物吃掉……

人类已步入现代社会,可是为什么人类却越来越残忍?救救这些可爱的藏羚羊吧,它们是我们最温柔的朋友。

6. 种子与果实

你以为你看见了世界,其实你只是看见了自己,世间百态也只是你面前的镜子。你看见的,都是自己内心的波澜。当你快乐,一个人发呆的时候也会笑出声来;当你愤怒,再多的开心事也不能换回你的笑容;当你伤心,全世界好像都抛弃你,剩你一个人独自伤心;当你恐惧,夜里一点细微的声响都足以让你惊恐得颤抖。

你并没有改变世界的模样,但你的世界已经随着你的情绪千变万化。其实你眼里的世界就像一片大地,你撒下怎样的种子,就会结出怎样的果实。

7. 风信子

天气渐渐转暖,家门前的小花圃里繁花盛开,可唯独我钟爱的风信子还只是一个个小蓓蕾。为了让它早日盛开,我一直悉心照料,早晚浇水,给它施的花肥是其他花的两倍。但是过了许久,风信子没有什么变化,我想或许再过段时间风信子就会开花了,所以仍然给它多施花肥。直到有一天风信子的茎突然倒下,小蓓蕾也枯萎了,我才发现它由花球部分已经开始腐烂。而腐烂的原因,却是我给它施了太多的花肥。

对于许多事物,我们因为十分重视,而给予过度的照顾,结果却不尽如人意。过犹不及,过分关注也是一种伤害。等到发觉的时候,往往已经无法挽回了。

8. 小螃蟹

退潮后的海滩上,一片狼藉,到处都是被海浪冲上岸的小鱼小虾。

一只小螃蟹被冲到了离大海很远的地方,四周陌生的环境让它无所适从。它决定回到海里去,尽管它并不知道自己离大海究竟有多远。它

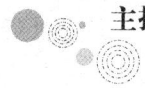

一直向前爬着,爬着……它遇到了挡道的石头,遇到了地面的陷阱,它被游人踩到过脊背,甚至差点被一个孩童抓去……它爬了很久很久,终于,它听到了熟悉的海浪声,甚至看到了前方的一片蔚蓝!它兴奋得举起两只小钳子挥舞着,似乎已经感受到了海水的温度。

突然,一阵黑暗袭来,它感到自己陷入了一股力量巨大的旋涡中。当它再次睁开眼睛,发现自己又一次被海浪带到了一个陌生的地方。这次,它没有过多地思考,就又朝着大海的方向爬去。

生活总爱"调侃"我们,在你无助的时候给你希望,在你欣喜若狂的时候给你当头一棒。其实,习惯了这样的重复,我们就会学会坚持走自己的路。

9. 向日葵

人们都认为向日葵喜爱太阳,是开心乐观的象征。但是,向日葵却没办法告诉大家事实真相。

其实向日葵不喜欢整天跟着太阳走,但无法反抗,因为在其体内有种特殊的植物生长素。这种生长素怕光,只有在荫蔽处,向日葵才能生长。每天"躲"在向日葵的花盘背后,躲避着阳光,迫使向日葵的花盘永远朝着太阳。因此每天向日葵都在无奈中朝着太阳移动,可人们都误认为是向日葵热爱阳光!

我们总是只看到事物华丽的表面,却看不到深处的痛苦。有时表象只不过是浮光掠影,表象不一定是真相,真相往往隐藏在浮华表象的背后。

10. 生物链

生命本身便是一种动人心魄的美。

在非洲肯尼亚辽阔的大草原上,一年一度的雨季又到来了,当晶莹的雨滴从天而降,干燥炎热的天气开始变得湿润温热。持续降雨几天之后,贫瘠干渴的大地,被代表生命的绿色所覆盖,这些青绿的小草在雨中茁壮地成长,由浅绿到深绿。它们看似如此渺小,却是草原上永恒的生命之源。

食草的角马、羚羊结束了为期半年的迁徙,回到了这里,支撑它们经历生死磨难也要回来的动力,就是这片丰美的草场。它们将要在这里完成繁育下一代的神圣使命。它们在草原上嬉戏、追逐、欢快地嘶鸣,仿佛一曲活泼欢快的乐章。食肉的非洲雄狮、金钱豹也尾随其后,它们经过漫长的、饥肠辘辘的等待,终于盼来了狂欢的盛宴。

非洲草原的食物链,由低到高,优胜劣汰,食物链顶端的动物死亡之后,它的尸骨将在草地上腐烂,化为最肥沃的养料,滋养着来年的春草。

这或许就是造物者最神奇的地方,所有生命环环相扣。在这片蓝天下,最后的享受者也是最初的供给者,最渺小的生灵也是最永恒的生命。

11. 快乐与悲伤

是否选择拒绝就能避免受伤?是否接受时间的洗礼就能长大?是否面对坎坷就能变得勇敢?

有一条河流,它的名字叫悲伤,在它看来,自己的生活平淡乏味,不管多么努力向前涌动都依然是条不起眼的小河流,感受不到波涛汹涌的澎湃。还有一条河流,它的名字叫快乐,它觉得自己可以灌溉田野,为世界贡献自己微薄的力量,因此,每天都很快乐。同样是河流,悲伤会逆流泛滥,快乐却可以汇聚成海。区别在于你是在抱怨命运,还是在享受生活。

所以,当快乐大于悲伤时,请将这快乐加倍;当悲伤大于快乐时,让伤感减半,收起抱怨、走出迷茫,让世界因你而改变。

12. 阳光

阳光温暖而炽烈,我们珍惜阳光,就像珍惜生命一样,小心翼翼地把

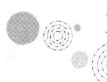

阳光捧在手里、放在心上,很害怕由于自己的一个不小心阳光就会撒落。

然而人生之路原本就充满了曲折坎坷。没有了阳光的滋养,万物都将慢慢地枯萎、死去。我们时常渴望阳光永不离去,但却从来不知道自己想要的那一份阳光其实就在身边。因为有亲人,有朋友,有关爱,有帮助,有尊重,有理解,就有阳光。只要感受到这些,阳光就一直都在自己的心里。

冥思中,我看到这温暖的阳光,我伸出一双手,握住这滋养生命的阳光。我要把这温暖的阳光送给每个人,让每个人的心中都感受到温暖,充满希望!

13. 生于忧患

音乐是人类最伟大的艺术形式之一,它可以愉悦人们的精神、抚慰人们的心灵。但是,也许人们并不了解,很多音乐家的人生却并不美妙。表达人类美好愿望的《第九交响曲》,是贝多芬在双耳失聪、身体备受摧残的情况下写出来的。莫扎特最具代表性的歌剧《魔笛》上演几个月,他就在痛苦和贫困中死去,年仅35岁。因为贫困,他被埋葬在维也纳贫民公墓的角落里,人类文明史上的一代奇才就这样无声无息地消失了。柴可夫斯基最具代表性的交响曲《悲怆》上演第九天,他离开了人世。但是,苍茫的大地并不单单只留下他们的传世之作,他们对于艺术、理想和人性光辉的执着追求也被永远地传承下来。苦难、贫困不但没有把他们打倒,反而让他们的人格和精神更显光芒!由此,我明白了一个道理:所谓的伟大,就是把所有的苦难都化作造福于人类的前进力量!

14. 因废而灾

话说盘古开天之后,玉帝派土地公镇守四隅,这土地公虽是小官儿,却是个肥差。日复一日,年复一年……一日众神聚会,只见平日里油头大耳的土地公竟然骨瘦如柴,平时身上穿的绫罗绸缎也变成了粗布衣裳。他满面愁容地抱怨道:"刚上任那两年,我的土地肥沃,水分充足,我受百姓敬仰供奉,赚了个盆满钵满。可是这些人,最初只是挖井喝水,后来却砍伐树木,而且开发了各种不合格的私人水电站,我土地里的水被他们过度使用越来越少,土地也越来越贫瘠,最终爆发了大旱灾。现在,我只能守着我龟裂的土地,成了一个穷光蛋!"说着,土地公跪在了玉帝面前,叩头乞求,"陛下交予我的重任,小神实在有愧啊,小神恳求陛下,救救我的土地吧。"

玉帝一声哀叹,挥挥手说:"这也不是你的过错,人犯了错,走了弯路,只有让他们自己受挫,让他们自己去承担吧。"

因奢而废,因废而灾,若不知悔改,只能自食苦果。

15. 红土地

我是一片红土地,没有人注意到我,不知荒芜了多少年,我的内心充满渴望和孤寂。直到有一天,有人在我的脊背上撒下了种子,那小小的种子在春雨的滋润下,慢慢伸展,根须吸纳着水分和营养,头顶采集着阳光……终于在秋天里结下了丰硕的果实。此刻人们赞美着我,说我是壮美的红土地!有渴望就不怕孤寂,懂得等待和永不放弃的意义!

16. 信仰

在日光城拉萨,不论任何季节、不管天气如何,街头巷尾随处可见虔诚的藏民,他们一边念着六字真言,一边双手合十顶礼膜拜。信徒们认为在一生的修行中至少要磕十万次长头。在我眼里,这种动作就如同拥抱大地。

这些信徒都来自远方,他们到拉萨时往往衣衫褴褛、蓬头垢面,却有一双闪亮而执着的眼睛。用电影《可可西里》导演陆川的话来说:别看磕

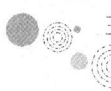

长头的人身上脏,他们的心是最干净的。

在如今复杂的社会里,信徒们拥有如此虔诚、纯洁的心灵是多么可贵啊!如果要用一句话来形容,那就是"高贵的单纯,静穆的伟大"。

17. 擦靴子

又到了冬天,翻箱倒柜找出放了快一年的靴子,轻轻擦一擦,还是那么亮。

我想起去年冬天是你帮我擦的靴子。那个时候,是我帮你把拖鞋从阳台拿到客厅还是给你泡了杯茶,我忘了具体原因,因为我们之间总是有太多这种类似的交易。而那次的交换条件是:你要帮我擦靴子。我总是说,那么大一双,我可擦不好,然后你就一边瞪我,一边帮我把靴子擦得锃亮。

冬天很冷,看着这双鞋我却觉得很温暖。尽管当我跟朋友说是我爸爸帮我擦靴子,他们都会一脸鄙夷,说我怎么那么不懂事。可是我还愿意将这样的事讲给我周围的人听,潜台词是,我就是这样被我爸爸宠着的。

所以,你看,因为有你,我永远要撒娇!所以,谢谢你让我在你面前永远长不大!

第五单元　想象力

第一部分　理论概要

　　从心理学角度讲,事物表象在大脑中的分解综合就是想象。想象可以使我们不受时空的限制,做到"观古今于须臾,抚四海于一瞬"(《文赋》),信手拈来,为我所用,提高我们的创造力。新古典主义画家安格尔通过想象,花了36年时间画出了美轮美奂的少女(《泉》),用大半生精力讴歌了少女之美。安格尔画的大宫女(《大宫女》)的脊椎骨比常人多了两节,但创造了美。通过想象,人们看到鸭子,造了船;人们看到鱼,造了潜水艇;人们看到蜻蜓,发明了直升机。

　　想象是创造的源泉,是审美的基础,没有想象就没有审美。诗人们的想象力是非常丰富的,当他们看到月亮,有的想到"举头望明月,低头思故乡"(〔唐〕李白《静夜思》),有的想到美丽而沉静的"春江潮水连海平,海上明月共潮生"(〔唐〕张若虚《春江花月夜》),有的想到"月上柳梢头,人约黄昏后"(〔宋〕欧阳修《生查子·元夕》),有的想到"无言独上西楼,月如钩"(〔南唐〕李煜《相见欢·无言独上西楼》)。这表达了他们不同的处境、心态和审美情感。有人说,想象是灵魂的眼睛,我们应当以生活为依据进行想象,通过直接或间接的感受,启发自己的感官,重新分解综合,进行想象,从而产生情感体验,提高审美能力。

想象力的培养、丰富与生活积累和文学艺术修养分不开,广博的知识、深厚的文学修养是想象的基础。我们常说见多识广,就是说要有丰富的生活积累、广博的知识,这样才能有发散性思维,才能有触一发而牵动全身的敏感和想象力。

我们应该主动培养自己的想象力,细致地观察生活,广泛地吸纳知识,使自己具有丰富的想象能力、联想能力和审美能力,进而提高美的塑造力和表现力。

第二部分 教学内容与同步练习

一、形体训练

(1)做"你在哪里"练习。通过自己的形体动作表明自己在哪里,如在河边、森林、教室、车站、练功房等等,加强形体表现力和可塑性。

(2)要求至少表现三种不同的环境。

(3)做"物件转换"练习。给学生一个小道具,教师不停地改变道具的名称,学生根据不同的名称,用形体动作表达道具的特点功能及对道具的态度。(见光盘)

二、语言训练

(1)用"你在哪里"练习或"物件转换"练习与话题"时间"(春夏秋冬及早中晚)结合为题,组织一篇即兴评述。

(2)评述内容要有时间、地点、事件、人物,要充分展开想象。

第三部分　教学目的与要求

一、形体训练

（1）通过"你在哪里"的环境表达练习，开发想象力及形体表现力，并能通过形体动作表现情感的反差。

（2）通过"道具转换"练习，提高反应能力、表达能力及真实感、信念感。转换度可以加大，例如，可以将道具从一支笔转换成一条蛇，发掘学生的潜力。

（3）练习中教师要帮助学生展开想象，并且要想象得十分细致，越细致越容易有感受，有了感受才能表现得真实。

二、语言训练

（1）大胆想象，运用各种知识，表达自己的思想。

（2）提倡富有新意的构思，尽量做到思维的天马行空，并富有幽默感和喜剧色彩。

（3）选择最恰当的时间，突出环境独有的特色。

（4）敢破敢立，独树一帜，表达个性。

（5）在创新的过程中，也可能出现不合理的情况，教师一定不要全盘否定，要肯定其精华，帮助学生合理完善，保护学生的积极性。

（6）要求表达状态良好，有内心视像，语言有可听性，有吸引力、感染力。

本单元主要培养和开发学生风趣幽默的潜质。练习要求在松弛状态下展示风趣幽默和真实感。

第四部分　学生作业例稿

形体训练"你在哪里"或"物件转换"与话题"时间"(春夏秋冬及早中晚)结合即兴评述。

1. 麻将

如果你认为现在春节还流行放鞭炮,那你就 Out 啦!因为在春节的时候那麻将桌上啊,是一炮一炮又一炮!如果你认为夏天适合在河边钓鱼,那你就又 Out 啦!因为麻将桌上的海底捞啊,是一捞一捞又一捞!

如果你还在欣赏秋风扫落叶的萧瑟,那你还是 Out 啦!因为麻将桌上的杠上花啊,是一朵一朵又一朵!如果寒冷的冬天你还在羡慕街边相拥的情侣,那你就彻底 Out 啦!因为麻将桌上的对对胡啊,是一对一对又一对!第一眼就被它点亮。你看麻友约我了……三缺一,我上桌子"修长城"去了!

2. 保持个性

你想过没有?如果猫和老鼠在一起和睦相处会是什么结果呢?确实,得好好想想。

假期我们去了趟野生动物园,让我们无比兴奋的是可以给老虎喂食。春天是老虎的发情期,此时的老虎更加凶猛。所以来到猛虎区,每人都屏住呼吸,做好一切准备防范发情期大老虎的袭击。然而,数十只猛虎看到我们的观光车通过却没有任何反应,表现得那么不屑一顾。我们将牛肉甩给大老虎,甚至对它们大喊大叫,可它们依旧懒懒散散,只偶尔慢慢地抬起头来,眯着眼睛瞅瞅我们,就又趴下了。最终我们无比沮丧,连肉都没喂完就离开了。

老虎的外形依旧是老虎,庞大的身躯、斑斓的花纹、巨大的嘴巴、高亢的吼声,遗憾的是没有了虎威。它们既如温顺的熊猫,又如懒惰的猪,还像贪睡的猫,它们被日复一日的圈养生活异化了!

再回到开头的问题。如果猫和老鼠成为好朋友,猫还会有那么好的眼力拳脚吗?老鼠还会有那么灵动的身躯吗?满足带来的是软弱无力,渴望和追求才有活力!

来年春天,大地又将一片翠绿。在生命孕育的季节,我们希望老虎不要变成老猫,猫和老鼠不要成为好朋友。保护物种个性最重要!

3. 读书

有人说,"春天不是读书天,夏日炎炎正好眠。整年劳累秋天乏,寒冬腊月忙过年。"也有人说,"春困秋乏夏打盹,睡不醒的冬三月,应整年酣睡。"但偏偏又有人说,"春天暖暖读书最舒坦,夏日炎炎读书是历练。秋天苦读收获大,冬日读书奋斗到来年。"

所以,爱读书的人认为四季都宜读书,不爱读书的人认为哪个季节都不宜读书。到底谁有理?关键在自己!

4. 减肥

中午十二点,偌大的食堂熙熙攘攘,空气里弥漫着饭菜的香味儿,可是作为一个要减肥的人,我是吃,还是不吃呢?

减肥对于我来说,绝对是一件难事儿。因为,一年四季,最让人难以抵挡的就是美食的诱惑了,春夏秋冬,好吃的东西总是接连不断。

可是这样,怎么瘦得下来呢?想要真正地减肥啊,就一定要做到,"冬忍三九夏忍三伏",一切美食在我眼里都是浮云,可是有多少人能做到呢?其实啊,"只要功夫深,芙蓉瘦成针",不仅是根针,还是那最细、最美的绣花针。

咦？什么味儿这么香啊？我还是得去吃饭啊！

5.健康是美

大千世界真是无奇不有。我想这世上碰到什么稀奇古怪的事情，都得要淡定些才行。

冬天呢，是一个很伤人的季节。在洁白的雪地里，在刺骨的寒风中，居然有穿超短裙的美女……当我亲眼看到一个非常漂亮的女孩子穿着超短裙，配着薄薄的丝袜，光着两条小细腿儿，从我身边走过时，我有两个反应：第一，性感！第二，好冷！怎么能在冬天穿夏装呢？又不是什么明星走红地毯，就是装明星也用不着那么给力吧？是在向世界证明性感无处不在吗？我只想说，震惊啊！

其实呢，爱美之心人皆有之。古人说，身体发肤受之父母。我如果说冬天穿那么少是对不起爹妈，好像是严重了些，但是也别那么"狠"呀。别太作践自己了！美丽是无处不在的，每一个女性的身体就是一种极致的美丽。爱惜自己，就从爱惜自己的身体开始吧！身体健康了，在爱你的人眼里，就是一种美丽。

6.被窝

如果可以对被窝没有那么留恋，那么每天早上当闹铃响起的时候也就不会那么痛苦。被窝，我究竟有多爱你？！

也许，在冬天的早上，最幸福的事情莫过于钟表上的时间告诉你，还可以再赖上几分钟。比起外面寒冷的气温，暖和的被窝着实有极大的吸引力，哪怕是把手伸出去按下闹铃，都是一种痛苦。

记得一位作家曾经说过，被窝是年轻人的坟墓，此时此刻，我宁愿睡死在"坟墓"里！可是外面的闹铃既像是一个烦人的蚊子在你耳边不停地哼哼，又像是一个尽职的鼓手不厌其烦地敲敲敲。而我的大脑就在不停地催眠自己，再多一分钟，就一分钟也好。

其实，不只是冬天，每个季节我们都能找到不起床的理由。春困秋乏，夏天太热，冬天太冷，其实就是一种懒惰。当我们学会对自己狠一点的时候，才会发现，起床并没那么难！

7. 厨房

小小一间房，四面都是墙，有个油烟机，还有个灶王。生存离不开食物，生活离不开养生。春夏秋冬，厨房里也是各色变换，妈妈在这里，养出了膘肥体壮的老爸和我们兄妹俩。冬瓜西瓜南瓜丝瓜，桃子李子栗子梨……你看那红黄蓝绿紫，妈妈像画画一样画出了一个幸福完美的家庭！

春天来了，有煎得嫩黄的香椿饼，有绿油油的蒜蓉菠菜，有嫩白翠绿的小葱——能抗癌，抗衰老，还能美容养颜呢！

夏天到了，又是一个幸福的季节！水汪汪的西瓜，粉红的桃子，鲜红的樱桃。舀上一勺纯酸奶，冰一下，那就是一份老少皆宜的水果沙拉！省钱又省力，解暑又解渴！

秋天，金灿灿的季节，焖上那么一碗麦仁粥，煮上几个嫩玉米，再晾上几个柿饼。美丽的妈妈，美味的食物，还有什么不满足的呢！

冬天，一锅羊肉汤，加点醋，放点香菜和葱花，十里飘香呀……楼上的邻居，走到门口脚就挪不动了！水分充足的大白菜剁碎，加点肥牛肉，包一盘子水饺，牛奶和面蒸一笼屉馒头。厨房里热气腾腾的白色和外面的白雪皑皑如此一致！年味也就越来越浓了。

颜色总在变，可唯一不变的是每次回家妈妈那忙碌的身影。厨房不大，爱已经满得溢出来了。四季轮回，赤橙黄绿青蓝紫，小小的厨房承载了太多故事，也见证了我从"小细腿"变成"小粗腿"的全过程。

8. 饮食文化

饮食文化是中国传统文化的重要组成部分，中国人自古也就讲究吃，所以在"吃"这个问题上也就特别有研究，甚至于发展出一门独特的学问——养生。

这养生讲究的是平衡，冬吃萝卜夏吃姜。冬天吃泄气的萝卜，是因为冬天的时候人都懒懒地不爱动弹，所以导致外冷内热，难免腹中有火，而这时候萝卜就使得内外平衡了。夏天吃姜也是同样的道理，夏天的时候人们为了追求冰爽刺激，难免会吃冷饮，导致外热内冷，而令人发热的姜入腹之后，腾起的热气也就使得人的内外热量平衡了。

古人说，君子远庖厨。但是厨房的智慧，同样也是中国文化智慧的小小缩影。窥一斑而见全豹，小小的厨房同样有着大大的智慧。

9. 依米花

在非洲的戈壁滩上，生长着一种名叫依米的小花。这种花每朵有四个花瓣，分别呈现红、黄、蓝、白四种不同的色彩，绚丽夺目。

有幸欣赏过依米花风姿的人们，往往惊讶于它的美丽，却不知道这美丽背后的艰辛。通常，依米花要花费大约五年的时间在沙层中穿插根茎，然后一点点地积累养分，在第六年的春天，它才会在地面上吐绿绽翠，开出一朵小小的四色鲜花。更令人惋惜的是，这种极难长成的依米小花，花期仅仅有两天时间，随后便和根茎一起香消玉殒。

生命一次，美丽一次。尽管只有四十八个小时短暂的美丽，却值得它倾尽一生所有的力量。我想，这就是信念的力量。

10. 坚持根本

冬至，北方吃饺子，南方涮羊肉。我们全家遵循往年传统，去了那家

"老苍蝇"馆子。店老板一如既往地热情,什么事儿都亲力亲为。和其他追求创新的饭店不同,这家饭店始终坚持在冬天只做羊肉,因为老板自己以卖羊肉起家。而且他的秤只会多不会少,好像害怕客人们吃不够。不大的店里总是挤得满满当当,与外面冷清的街道形成鲜明对比。

民俗是传统,老板的坚持也是一种传统。你可以说这是守旧,但不能否认那是根本。一个人只有记住当初为什么出发,才知道自己要去哪里。

11. 真和假

走进温室,这里花团锦簇的景象让我以为春天来了。但是没看见采蜜的蜂蝶,没闻到花的香味,才让我想起现在是秋天。想起之前在路边看见的植物,有些泛黄的叶子和残败的花朵在秋风中摇曳,随风飘来的淡雅香味儿告诉我那是一丛菊花。虽然叶子泛黄,花朵残破,但它显示的是真实的秋天!

温室如春,但毕竟不是真的春天!只有真实才生动才感人。

12. 万花筒

听过这样两句话,一句是"心晴的时候,雨也是晴;心雨的时候,晴也是雨",另一句是"你不能改变风景,但你可以改变心情"。

生活中的风景千万种。春有柳枝击水,夏有蝉鸣蛙叫,秋有松青枫红,冬有梅红雪白。人的心情也各有不同,感时泣,乐时笑,哀时涕。就像一个精致的万花筒,花样繁多,变化万千。生活中的情感与风景总是相映相生的,我们不可能像圣人那样参透世事,达到无景无情无我的境界。但是,如果这扇窗外的景象让你悲伤难过,我们可以转动自己手中的万花筒,打开另一扇窗,为自己寻找喜欢的景色。

"你不能改变风景,但你可以转换风景",你不能"雨时心晴",但你可以"雨过天晴"。

13. 夏天的蒲扇

夏天其实很讨厌,因为天气闷热,而且还有烦人的蚊子吵得人久久不能入眠。

我恨夏天的炎热,我恨夏天的蚊子,但是,我却爱着夏天蒲扇带来的一阵阵清凉。小时候,对夏天印象最深的就是妈妈的蒲扇,蒲扇一扇一扇,为我驱赶了夏天的蚊子,为我带来了夏夜的凉爽。很多次我都在半梦半醒间看见妈妈的蒲扇在一下一下地不停地扇动着。

母爱是无私的,妈妈甘愿为我付出一切。我讨厌夏天,但是,我也深深爱着夏天。

第六单元 信念感与真实感

第一部分 理论概要

　　信念感与真实感是斯坦尼斯拉夫斯基体系的术语,是表演技术的诸元素之一。它是指演员对剧情所虚构的一切有真情实感,并真诚相信的技术,二者互为条件、互为作用、同时存在。[①] 真实感和信念感不仅是对演员的要求,也是主持人需要具备的基本素质。在采访主持过程中,具备信念感和真实感,能使主持人更好地体现自身的表现力。

　　信念感要求主持人对当前的一切情况抱有真情实感并且真诚相信。日常生活中发生的事情,会自然地引起我们思维上、情感上、行动上下意识的反应。例如,在我们丢了东西以后,就会十分着急地到处去找;见到很久没见的朋友或亲人,心中就会瞬间激起喜悦。信念感是主持人必备的重要的素质。每个人的信念感都有着不同的强度,有的人信念感强,但有的人就很弱。在镜头前如果信念感弱,有可能就会给观众一种虚假、做戏的感觉,甚至会"笑场"。

　　主持人在镜头前的每一个瞬间都应该充满信念,相信所体验到的情

---

① 修力舟:《浅谈表演的真实感与信念感》,《现代交际》,2011年第5期。

感和动作的真实,要进入一个"我就是"、"我存在"、"我生活着"的状态。

主持人不仅要有强烈的信念感,而且要真实,从每一个具体行动开始,要做到真听、真看、真感受。这个"真"字的重点就是集中注意力。在生活中,我们看书、做事情时,注意力就必须集中在自己说、看、听、做的对象上,否则就看不到、听不进去、做不成。在主持节目时也是如此,只有真实地融入到情境之中,才能产生真实的情感,才能真正地展示自我。

信念感是人的一种潜意识,是精神层面的一种自我暗示,是生命本体蕴涵的一种能量,也是自我塑造的重要前提。

人有两种属性,一种是精神,一种是肉体,肉体的状态取决于精神的状态。是紧张是松弛,是自信是胆怯,是充满活力还是萎靡不振,都取决于人控制自己精神的能力。例如,一个演员因生病而身体不适,但当他站在舞台上,面对广大观众时,立即精神振作、精力充沛,充满激情!灾难来临之际,由于强烈的求生意愿,行动不便的人也能健步如飞。信念激发了超常的行为,这种能力来自于我们精神的力量。

我们要经常对自己说,"我可以做到!""我一定会做到!"从而激发内在的潜能。每个人都像一块磁铁,不停地吸纳自己需要的东西,也就是吸纳与你精神状态相同的东西。你自信,吸纳的就是自信;你不自信,吸纳的就是惧怕和失败。你真诚,吸纳的就是真诚;你不真诚,吸纳的就是虚伪。"物以类聚,人以群分",能成为知己和朋友的,总有对生活、对人、对事物共同的反应和认知。所以,拥有自信心和信念感,才能吸取积极的元素,产生一种对消极因素的"抗体"。永远吸纳积极的和自己所需要的,就可以一步步实现自己的愿望。

原美国国务卿赖斯是个黑人,五官并不漂亮。她曾说:"我要付出两倍的努力,与白人相等,我要付出三倍的努力,超越白人!"她凭借着自己坚定的信念,一步步超越自己、超越白人。最终在政治舞台上,她实现了自己的梦想。

过去怎么样并不重要,重要的是现在要做什么,你的心灵向往什么,就向什么努力,坚定的信念引导你走向成功。

我们经常受到客观的各种干扰和影响,信念感能使你坚守方向,排除干扰,在生活中不迷失自己,不迷失方向。如果你认为自己行,最终你一定行;如果你认为自己不行,最后绝对不行。一个人的精神和气质从哪里来?就从经常的自我暗示中来。自我暗示是塑造自己品格和气质的重要手段。你经常暗示自己要坚强,你会逐渐变得坚强;你经常暗示自己要宽容,你会变得宽容;你经常暗示自己要谨慎,你会变得谨慎……

积极的自我暗示就是信念感的体现,坚定的信念就是在自我暗示和自我要求的过程中逐步形成的。所以要有超越常人的自信,要有不回头的执着,要有全身心投入的状态,要有争取成功的气概,才能形成一种从容的气质和坚韧的精神。

斯坦尼斯拉夫斯基指出:"真实是不能和信念分离的,信念也是不能和真实分离的。它们彼此不能单独存在,而没有它们两者,也就不会有体验、不会有创作。"[①]

信念感和真实感是不可分离的,有了信念必须真实地去做,才有真实的体验感受,有了真实的体验感受,信念感才会增强。只有信念而不真实地去做,等于空想,空想是没有任何意义的。所以真实地感悟,真实地相信,真实地行动是至关重要的,真实就是实现信念的保证。这样,可以使人获得意想不到的效果,开发出不曾发现的潜能和素质,一定会提升自己的气质、仪态,使自己更有魅力、更出众、更具风采!

[①] 程烽:《浅谈演员的四大素质》,《时代报告》,2012年第2期。

第二部分　教学内容与同步练习

一、形体训练

(1)做"我就是这个物件"练习和"我与这个物件"练习。想象自己行走在什么环境中,教师发出停止口令后,用形体表达路上的一个物体(包括设施、建筑、动植物均可)。

(2)请另外一位学生根据造型做相应的行为动作,尽量延续下去。

(3)下场要有合理的下场理由。(见光盘)

二、语言训练

"我就是这个物件"和"我与这个物件"练习与绘画作品结合,组织一篇即兴评述。(绘画作品可以任意选择)

第三部分　教学目的与要求

一、形体训练

(1)通过"我就是这个物件"和"我与这个物件"练习,提高学生的形象感,加强学生的形象捕捉能力和形象表现力,并帮助学生树立信念感、真实感。对要表达的对象,真实地相信,真实地去做,真实地表达。

(2)在练习的过程中,教师一定要肯定学生最好的感觉和状态,让学生体会到最佳的内心状态和形象表达。

(3)在两位学生互动时,教师应给学生适当提示,使练习更生动、更有趣味性和情节性。

(4)使学生在做练习的过程中,内心得到解放,获得自信,开发不同素质和潜能,展示个性。

(5)要求学生认真观察生活、熟悉生活,从而表现出客观事物独有的姿态和神韵。

二、语言训练

(1)绘画作品有时代信息、地域信息,更有画家的情感信息,结合绘画作品组织即兴语言表达,题目范围更广泛,内容更丰富,可以给学生提供思路,表达自己的思想。

(2)绘画作品是社会生活的反映,有形象的直观性,学生可以充分利用形象,组织语言进行表达。

(3)要求学生对生活有细致的观察、认识、体会,结合绘画作品,开拓学生思维,要求评述有细腻的表达和生动的情节。

(4)表达状态要求朴实、真切、生动,仪态要求端庄大方。

第四部分 学生作业例稿

形体训练"我就是这个物件"或"我与这个物件"与绘画作品结合即兴评述。

1.〔法〕保罗·高更《我们从哪里来?我们是谁?我们向何处去?》

第一次看到保罗·高更的作品《我们从哪里来?我们是谁?我们向

何处去?》,我并没有注意那群人在做什么,而注意到万绿丛中一点红——那个坐着的人手里拿着的苹果。没错,我就是那个苹果,苹果是寓言、宗教、神话、文化、艺术、科技的载体,两千多年来与人类发展进程一路同行,直到今天。

人类的欲望从苹果开始。苹果诱惑了夏娃,砸醒了牛顿,现在握在乔布斯的手里,以极具亲和力的方式启发和沟通着人与人、人与自然、人与社会的关系。

〔法〕保罗·高更《我们从哪里来?我们是谁?我们向何处去?》(见彩插图1)

苹果是人类选择的符号。白雪公主因吃毒苹果而死去,帕里斯王子把上面刻有"送给最美的人"的金苹果给了阿芙洛狄特而引发了特洛伊战争,人类的文化总是和苹果纠缠不清。

世界还等着人类去认知,无论你手里拿着的是"苹果"四代,还是四袋苹果。

2.〔法〕保罗·高更《我们从哪里来?我们是谁?我们向何处去?》

辽阔的塔希提岛,这片充满了原始生命力的土地,也是安详而荒蛮的土地。而我就是伫立在岛上的一尊雕像,默默地守护着这片乐土上善良而笃诚的居民。

生活在这里的土著人,他们有着黝黑的肤色和健壮的体格,展现着原始人的野性美。椰树随风沙沙作响,远处的虫鸣,茂盛的花草……这一切,都令塔希提岛自然而单纯。这时,我看到美丽的少女皱眉沉思,她身旁的老妇人无奈地蹲坐着。她们起身,不解地问我,当青春的躁动平息,最终导向的是燃烧还是冷却?

思考良久,我笑着说,问题的答案其实并不重要,最重要的是过程。因为生命本身就是永不休止的。只要有舍得的勇气,只要选择属于自己的方式,只要不放弃前进,生命的热情就在心灵的探寻旅程之中。

3.〔挪威〕爱德华·蒙克《呐喊》

有人形的人没有人心,有人心的人没有人形。世间不缺少交往,却缺少将心比心的坦荡。

画面中是蓝色的水、棕色的地、绿色的树、红色的天,都是大自然的色彩,却因一声呐喊凝固、变异,变得十分狰狞、可怕。千万不要被眼前圆睁着双眼、凹陷着脸颊呐喊的人吓坏!生活不会总是阳光普照,我们每个人也曾呐喊过,也有过无助与绝望,也曾是桥头的那个变形人,这都没什么大不了。关键是在坎坷面前不要向命运屈服,不要懦弱地盲从,更不要无奈地自欺,而是逾越苦

〔挪威〕爱德华·蒙克《呐喊》(见彩插图2)

难,成为英雄!

呐喊并不是服输,挣扎也未必是悲剧,而是对生活的态度,是心灵的释放。

4.〔挪威〕爱德华·蒙克《呐喊》

当火山爆发,火光顿时染红了整个天空。在我看来,这倒像是一副颜色艳丽的油画,整个世界充满着明亮与刺激,还有着节日里的狂欢。

然而前方却传来一声尖叫!一个双手抱头的人,那扭曲的面孔显示了他内心的恐惧与痛苦。孤独感、恐惧感,排山倒海地向他涌来。我同情地看他一眼,这或许是位神经错乱的病人吧!

美好的世界需要用一颗宽容的心去感受,好与不好只是一念之间。迷者自迷,清者自清。清醒与迷失取决于自己的意念,不一样的意念会有不一样的世界。

5.〔荷兰〕文森特·威廉·梵高《自画像》

〔荷兰〕文森特·威廉·梵高《自画像》
(见彩插图3)

6250万英镑,我成了世界上最昂贵的画,谁能想到我曾经一度被人认为是一文不值,就连我的主人也被人骂作是疯子。他红色的头发,长长的脑袋,大鼻子,高颧骨,相貌并不英俊,甚至有些丑陋。但又有谁知道那看似丑陋的外表下,有着一颗多么柔软的心和一个富有智慧的头脑。

他珍惜友情、亲情、爱情,他会讲四国语言,他才华横溢,他不功利,不媚世俗,超然物外。他从不受外界的干扰和影响,他的作品有着无法复制的个性,真实地表达了个人情感。然而直到他死后的八年,人们才认识了他,才认识到他真正的价值!如果说梵高的奇迹,是天才加上"神经病",那么梵高至高无上的价值,就是他无与伦比的艺术影响力和为艺术而献身的伟大一生。

6.〔荷兰〕文森特·威廉·梵高《向日葵》

没有梅花的孤傲冷艳,没有莲花的高尚贞洁,没有牡丹的富贵端庄,却有一颗向往光明的不屈的心灵!这就是我——向日葵,诞生在炎热的夏季,诞生在一张画纸上。

我的主人叫梵高,一个追求完美世界的人,有人却说他是个不折不扣的疯子。他是一个不被当时社会所理解的孤独的画家,尽管他的生活充满苦难、冷漠和怀疑,但一幅幅执着的画作就是他内心的表达!

〔荷兰〕文森特·威廉·梵高《向日葵》
(见彩插图 4)

他作画时充满激情,即使在穷困潦倒的日子里,他也不放弃那联系生命与精神的画笔,每一幅画都涌动着他内心沸腾的热情和活力,高唱出他对生命的赞歌!正如我一样。

现实中,也许有些苦难的记忆无法从生活中抹去,也许有些遗憾让我们无法释怀,也许还有些挫折将我们重重打击,但是希望我们可以有面对一切的勇气,如同梵高笔下的向日葵,永远向往着阳光!

7.〔意大利〕列奥纳多·达·芬奇《蒙娜丽莎》

〔意大利〕列奥纳多·达·芬奇《蒙娜丽莎》（见彩插图5）

没有一颗珍珠、一粒宝石，没有一枚戒指，头上没有发饰，衣服上没有绣花。我就是这么一位素雅的女子，达·芬奇笔下的蒙娜丽莎。五百多年来，人们一直对我那神秘的微笑莫衷一是。恬静淡雅中带有一份哀伤，让人觉得亲切，又让人觉得有些矜持。有人说我是永恒的美的象征。其实我们每个人都在生命中追求永恒，但是又有多少是永恒不变的呢？得意伴随着失意，安定伴随着颠沛，花开接着花落。时间在不停地流转，我们的容颜也将衰老，唯一不变的只有花开时，留在我们心中的那永恒不变的记忆。

8.〔法〕克劳德·莫奈《睡莲》

〔法〕克劳德·莫奈《睡莲》（见彩插图6）

我是谁，我是莫奈笔下的一朵睡莲，寂静、无忧。我喜欢在这一片浅绿、嫩绿、青绿、墨绿中，享受生机与安然。生活在这里，没有纷扰，没有伤悲，在这浓荫的背景之下,有一种安全感。它可以让我自由自在地向着湛蓝的天空生长,绽放出深红浅红的花朵。

在这里,没有嘈杂,没有喧嚣,有的只是那一朵朵清新淡雅的睡莲,它们独立于尘世之外,生长在金色的柔水之中。它们如落入凡间的仙子,给人带来诗意的秀美和雅致。这就是我,莫奈笔下一朵无欲无求的睡莲。

9.〔西班牙〕迪埃戈·德·西尔瓦·委拉斯凯兹《纺织女》

许多人仰慕于雍容华贵的女子,她们手若柔荑、肤如凝脂,过着最精致的生活。而出身贫寒的我,年纪轻轻就被繁重的劳作扼杀了美貌,虽然暗淡无光,却也清澈纯净。

贵妇们光彩照人,在豪华舒适的房间里莺歌燕舞,我却觉得空旷寂寥;我不施粉黛,身处黑暗混沌之中,身边是各种

〔西班牙〕迪埃戈·德·西尔瓦·委拉斯凯兹《纺织女》(见彩插图7)

杂物,却觉得充实而满足。贵妇穿着华丽的裙子,但显得繁复而庸俗;我的衣着简单朴素,干净整洁,补丁是我最美丽的饰品。贵妇们背后是和她们的服饰一样华丽的壁毯,让她们好像融入到背景之中;我被黑暗的背景包围,却显得鲜艳突出,仿佛黑暗森林里的五彩野花,美丽而坚韧。

10.〔意大利〕桑德罗·波提切利《维纳斯的诞生》

暖暖的阳光照在沙滩上,我不记得躺在这里睡了多久,也不知道"天上宫阙是何年"。我是一只贝壳,一只不是十分美丽的贝壳。有一天,我遇见了她——维纳斯,她披着用星星织成的锦衣,有着一双美丽的大眼睛,眼神中似乎还有一缕忧郁和惆怅。春风吹起她迷人的发丝,粉红、白

色的玫瑰花在她身边飘落,像是翩翩起舞的蝴蝶萦绕在她身旁。

〔意大利〕桑德罗·波提切利《维纳斯的诞生》(见彩插图8)

从此我和她共同邀游,和她携手看那潮起潮落,看那海水蓝天共一色。年复一年,日复一日。有一天,我终于明白了,这些都只能是梦,因为她只是路过,或者是从这里启程。

美丽的女神维纳斯装饰了我的梦,而她的美貌和智慧更装饰了整个世界。原来,美并不只是拥有,即使是生命中的那场美妙的邂逅,留下的也值得我用一生去品味和回忆……

11.〔西班牙〕迪埃戈·德·西尔瓦·委拉斯凯兹《卖水的老人》

时间带走了我的青春,却带不走我的信念。我老了,我不能再拿起刀枪和兄弟们在战场上并肩作战,但我依然穿着我红色的战袍。虽然战袍早已破旧,但是依然那么鲜红,穿着它,我就好像还在那些金戈铁马的日子里。

当年的我也是一名勇士,在战场上所向披靡。时间让我的脸上长满了皱纹,但我的身躯依然挺直,我的眼神依然犀利。虽然我现在只是一个靠卖水为生的老人,但在我的心中,我还是那个强壮的战士。

今天见到一名少年,他和小时候的你长得很像,迪亚哥。看到他仿佛看到了咱们年轻的时候,我给了他一碗水,我还给他讲了战场上的故事,他听得两眼放光。这个少年会是一名好战士的,就像你我一样。

兄弟,在下面的日子怎么样?我想我也快下去陪你了,现在我拎一桶水都觉得吃力,从前的勇士现在只是一个虚弱的老人了。今天的少年向我保证,他也会成为一名出色的战士,去保卫家园、去守护国土。我很开心,只要孩子在,他们将会是最坚强的战士,就像咱们一样……

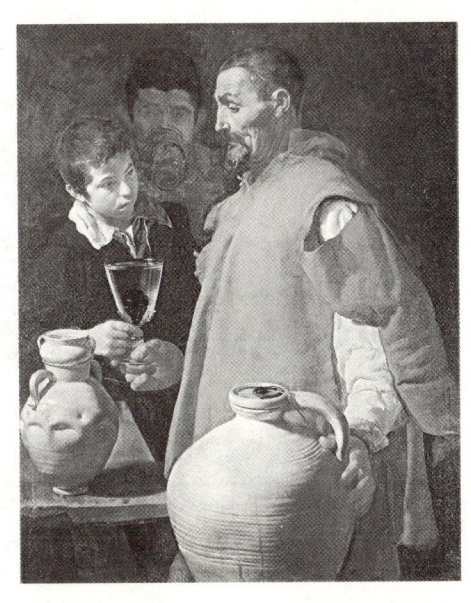

〔西班牙〕迪埃戈·德·西尔瓦·委拉斯凯兹《卖水的老人》(见彩插图9)

12.〔意大利〕列奥纳多·达·芬奇《最后的晚餐》

我就是一个大口袋,我深不见底,能装无限的思绪、情绪和语言。其实,我只属于耶稣一个人,耶稣通常会把他的一切思绪、情绪和语言都放在我肚子里,我很不理解。

有一天,耶稣被犹大出卖了,但他还是那么镇定地坐在餐桌前。当他问是谁出卖他时,众人开始议论纷纷。连我都看出来了,犹大神色紧张、心虚惶恐。但奇怪的是,耶稣既不愤怒也不害怕,他知道他即将死亡,但

〔意大利〕列奥纳多·达·芬奇《最后的晚餐》(见彩插图10)

依旧面带笑容、镇定自若……

或许,耶稣之所以为耶稣,正是因为他有我这个大口袋,遇事不乱,从容镇定,把一切杂念放在我这里时,他只剩下仁慈、宽恕和镇定,所以他是伟大的!

第七单元　观察、模拟与塑造

第一部分　理论概要

生活是创造的源泉,任何创造都与生活有着密切的联系。对进行有声语言创作的主持人来说,观察、体验、分析、研究生活是至关重要的。生活积累的丰富程度,对生活认识的深刻程度,对生活中美的事物的感悟程度,对美的事物的形象捕捉、记忆、表达能力,均反映在主持人的创作中。

我们对生活的积累应包括对大自然的观察、对社会的了解、对人的认识(尤其要深入到人的内心世界),做到由表及里、由内到外、由现象到本质,深入细致地观察,从而准确而充分地表现观察对象。

在观察生活的基础上对美的对象的模拟,是塑造自身美的姿态、感悟自身美的意蕴、增强自身美感的重要途径,同时也是提升内部美和外部美的重要手段。模拟不能只是模拟表象,只有理解了事物的内在规律,才能达到内外统一、神形兼备,使模仿具有形象的鲜明性及感染力,进而塑造出美的形象。观察和模拟是基础,是为塑造做准备。主持人应勤于和善于观察、模拟,通过不断的积累,增强塑造美的能力。

第二部分　教学内容与同步练习

一、形体训练

(1)用一个动作表现人生四个阶段(少年阶段、青年阶段、中年阶段、老年阶段)。

(2)四个阶段要体现不同的生存条件、环境、形体感觉。例如,用吸烟这个动作表现人一生四个不同的阶段、处境、形体感觉。允许使用一些小道具,表明身份。(见光盘)

二、语言训练

(1)以不同地区的事件结合人生四个阶段为题,组织一篇即兴评述。
(2)评述中必须有人物、环境、时间、事件。

第三部分　教学目的与要求

一、形体训练

(1)本单元从对物体和动植物的塑造转移到对人的塑造,要求学生在做练习之前,必须要了解和观察不同处境的人,要认真分析不同人物的特点、经历、个性等。

(2)在做练习之前,要熟悉人物的音容笑貌,要展开想象,产生具体的形象,这样才能有信念感、真实感,才能有人物形象。

(3)使学生知道真实来自于熟悉和了解,否则不可能有真实的体会和感受,不可能全身心投入,形象也不会真实、生动、鲜明。

(4)要帮助学生找到内心依据和最准确的感觉。

二、语言训练

(1)强调学生对生活、人、社会的了解,使思考深入化、认知深刻化。
(2)要求评述深刻、观点鲜明,要有发人深省之处。
(3)要求表现大气、自信,观点有见地、有感召力。

第四部分　学生作业例稿

形体训练与人生四个阶段结合即兴评述,必须有人物、环境、时间、事件。

1. 平凡中的伟大

人生的价值在于什么?这是一个仁者见仁、智者见智的问题,对于不同的人来说,人生有着不同的价值。我想,陕西省周至县楼观镇塔峪村的史金凤就完美地诠释了人生价值。

她是一位普通的乡村医生,和丈夫种着近十亩的猕猴桃果园,日子过得相当舒心,也非常平静。不曾想到,只因在寒风中抱回一个被父母遗弃路边的小生命,她的家庭和人生彻底改变了。史金凤无微不至地照顾这个捡回来的小生命。由于找不到亲生父母,她毅然决定收养这个孩子,给他取名小明,并把捡到小明的日子定为孩子的生日。

然而,史金凤发现小明在语言表达上有严重障碍。经检查,小明患有先天性耳聋,从此,史金凤带着小明走上了艰辛的治病之路。他们辗转几个城市,医生告诉她小明的病治不好,劝他们放弃。这个消息无疑是一个晴天霹雳,这时的史金凤已经花去了十多万元的治疗费用。

回到家里,史金凤听一位老中医说,裸露在深山崖石上的老葛根熬成药汤可以缓解孩子的病情。于是,她不怕山路险峻,不怕深山里毒蛇野兽出没,冒着摔下山谷的风险,任凭崖石割破胳膊手臂,坚持采回了50斤老葛根为孩子熬药汤,足足熬坏了42个药罐。

史金凤的不懈努力没有白费,终于有一天,小明奇迹般地对史金凤叫了一声"妈妈"。这一声"妈妈"来得是那么突然,这一声"妈妈"使史金凤泪流满面。

18年来,史金凤始终把聋哑孩子当成自己的亲生孩子,一心一意、关怀备至,既当老师,又当保姆。不知疲倦的劳累,使她体力过度透支,积劳成疾,腹部长了肿瘤。

这就是一个普普通通的农村妇女的人生,这种普通衬托出了平凡中的伟大。她用自己的生命去救助他人,用自己的生命书写了最精彩的人生。

2. 当幸福来敲门

一开始,我告诉自己,大多数人的一生都是平淡的,所以尽量从那种平淡与简单中体会人生的真谛。但是,看到吴士宏,我的视线再也没有办法从她身上移开。她用自己的奋斗历程演绎了一场现实版的"当幸福来敲门"。

1985之前,这个只有初中学历的女子在街道做了10年默默无闻的小护士。1985年的某一天,她站在五星级的长城饭店门口,怀着满心憧憬和激动,准备进入另外一个世界。在此之前,她凭着一台收音机,花了一年半时间学完了《许国璋英语》三年的课程。在IBM公司的北京办事处经过两次口试、一次笔试,她终于站在了主考官面前。主考官问她会不会打字,她条件反射地说:"会!""那么你一分钟能打多少?""您的要求是多少?"主考官说了一个标准,她马上承诺说可以。因为她环视四周,发现考场里没有一台打字机。果然,主考官表示下次面试时再加试打字。

实际上,吴士宏从未摸过打字机。面试结束,她飞似的跑回去,向亲友借钱买了一台打字机,没日没夜地敲打了一星期,双手累得连吃饭都拿不住筷子,最后,她奇迹般地敲出了专业打字员的水平。

在公司,她不甘心让自己只是扮演一个卑微的角色,沏茶倒水,打扫卫生。她每天比别人多花 6 个小时用于工作和学习,于是,在同批应聘者中,她第一个做了业务代表,成为第一批本土经理,然后又成为第一批去美国本部做战略研究的人,最后,又第一个成为 IBM 华南区的总经理。

后来,她先后成功跳槽成为微软(中国)公司总经理、TCL 副总裁,被称为"打工皇后"。

2006 年接受媒体采访时,她说,前几年,她一年看 100 多本书,学做菜,学钢琴,现在过了 9 级。

对于这样一个有追求的女性,我们可以确信,无论她以什么样的状态生活,都能过得很好。

3. 大爱无言

2005 年 9 月 23 日,一辆灵车缓缓地从天津市第三医院驶出,很多人聚集在医院的门口,不少人拥向了灵车,为死者放声大哭。由于人太多,灵车用了近半个小时才从医院离去。其实很多人都与死者素昧平生,他们都是自发来到这里,因为死者生前的事迹感动了他们,甚至感动了中国。

他叫白方礼,是一位普普通通的老人,可就是这位普普通通的老人,却做出了不普通的事情。

他向学校捐赠了35万元,资助了三百余名学生完成学业。这些钱都是他辛辛苦苦蹬三轮挣来的,整个过程持续了近20年。他为学生们送去的每一分钱,都是自己一脚高一脚低踩出来的,是他每日不分早晚,用一滴滴汗水积攒出来的。这些钱来之不易,来之艰辛!

他决定资助学生的时候,已经74岁,老人的子女不只一次在街上看见他辛辛苦苦地风里来雨里去,十分心痛。但是老人每次都笑着对自己的子女说:"你甭管,别惦记我,我挺好的。"就这样,他又蹬了近20年的三轮车。老人平时不舍得吃不舍得穿。平常的午饭,就是两个馒头加一碗白开水,有时候,开水中加上一点酱油,这对老人来说,就是难得的美味了。老人也有馋的时候,馋得厉害了,就在睡觉前吃上一星肉末,品品滋味。他极端清贫朴素的生活,与他捐出的35万元善款形成了巨大的反差,使人们受到触动;他老迈的九旬之躯,与三百多学子灿烂的笑脸形成了鲜明的对比,使人们的心湖荡起了波澜。

侠之大者,为国为民。他不是大侠,他只是一个普通的老人,他没有做什么惊天动地的事情,他只是为几百名上不起学的孩子送上了自己的温暖。他只是在做小事,可正是这些小事,感动了人们,感动了中国。

白方礼老人用他瘦弱的身躯告诉了我们什么叫作"大爱无言",用他苦苦蹬着三轮车的背影告诉了我们什么叫作"积小善,成大善"。也正是他告诉了我们,爱的奉献不分早晚、不分多少,只在于你心中的那份坚持。爱是大家经常谈论的话题,可是,有多少人懂得什么叫作爱?爱不是你今天拿出100万就代表你爱大家,爱不是你口口声声地说"我爱你"。爱很简单,爱是默默地付出,爱是不求回报的奉献,爱是那个在三轮车上努力坚持的背影。

4. 画魂——潘玉良

在巴黎一座安眠着许多艺术家的墓园里,一座黑色的大理石墓碑用汉字镌刻着铭文——世界艺术家潘玉良。然而谁能想到这样一位享誉世界的大师,却出生在安徽芜湖的一家青楼,从青楼女子到美专学生,从大学教授最后成为一代画魂。她的一生宛如一曲时代的绝唱,奏尽了人生的起伏跌宕、四季凄凉。

23岁的潘玉良报考了当时中国艺术最高学府——刘海粟任校长的上海美术专科学校,因为曾是青楼女子,被校方拒收。当刘海粟看到她的作品后,他走到校门口的榜单前,挥笔写下了潘玉良的名字。也许对于潘玉良而言,那是一生中最幸福的一段日子,她自己说:"不止一次地从梦中笑醒"。那段时期,也许是因为过往的人生经历,她对裸体作品有着不一样的认知与感悟。她甚至用自己的身体作画,用温柔的笔触来完成一次又一次自我解放与救赎。

但是当时的中国还处于封建遗盛的时代,于是她两次远渡重洋,在法国独自度过了五十多个春秋。身在国外的她始终坚持着不恋爱、不入外国国籍、不与任何画商签约的原则,保持着自身的独立,在艺术中寻求其流浪灵魂的归宿。

女人如花,红尘摇曳,自知冷暖,人们常见花朵姹紫嫣红的欢娱,却难懂其遍体鳞伤的痛楚。潘玉良虽已取得极大的成就,但青楼身份的耻辱,却让她处处遭人冷眼,步步受阻。她曾为抗日举办画展,却遭到了"妓女不能玷污象牙之塔"的攻击。

在这样绝对的男权社会里,她把所有的伤和痛都背负着,头角峥嵘,如同盛开的莲花一般,任世事如何肮脏复杂,她自高洁。这就是潘玉良,用灵魂作画,在风雨如晦的时代里,一路苍凉,一路斑斓。

5. 支教大学生——张爽

人生从自己的哭声开始,在别人的泪水里结束。这中间的时光,就叫作幸福。

许多人在央视的《新闻联播》栏目中,都看到过一个熟悉的身影,她就是吉林财经大学计算机专业的大四女生张爽。三年来,她义务支教,让人为之感动。那时候,张爽每到周末都要赶往距长春一百多公里的四平市河源镇大湾村,给那里的几十名孩子补习英语,她甚至还贴钱给孩子们买文具用品。每当听到从大湾村里传出的读英语的声音,张爽都非常欣慰。

每到寒暑假,张爽都为村里孩子制订上课的计划,开学了,便每周末赶回村里支教。每次往返的路费也是一笔不小的开支,为了节省开支,她在学校里省吃俭用,每顿饭都控制在两三块钱。三年光阴,一百八十多个周末,她让孩子们学知识、长见识,也激发了更多人的志愿者精神。如今,支教的同学已经达到六百多人。

人的一生其实很短暂,然而,无论是少年、青年、中年,还是老年,都需要不断地付出。这样,当人生的旅途即将结束时,停下匆忙的脚步,观赏这最后的风景,才没有遗憾。因为我们曾为它驻足,因它而幸福。

6. 梵高奶奶

红果树是不是红的？农民到底是怎么耕作的？我们吃的五谷杂粮又是长得什么样子？在都市中生活的我们几乎不知道,孩子们更是充满了好奇。但有一个人,她用自己的画作,把这些告诉了大家。她不是著名画家,她只是一个从河南农村跟着儿子来到深圳的农妇——常秀峰。因为一个偶然的机会,她拿起了孙女的蜡笔,想要给孙女画出在高楼大厦里看不到的美丽乡村,却一个不小心,就把自己画成了大家眼里的梵高奶奶！

离开了生活了大半辈子的乡村,常秀峰经常想家。于是她就用手中的画笔,画出老家屋后的莲菜池,画出几里山坡上的蚕和茧,画出前院里乘凉的石榴树以及和乡亲拾麦穗的场景。她的画作里,没有比例,也没有透视,却真实而质朴,只为画出心中所想。她用心灵,用孩子般的拙笔,画出了农村生活的意境。在她的眼里,著名画家梵高的《向日葵》并没有她画得好看。她说,这个叫梵高的人一定很不开心,他的向日葵长在瓶子里,没有水,活不了。我的向日葵有阳光温暖,有土地滋养,有水滋润。

在她的画里,色彩是感情,线条是记忆,她用最简单的蜡笔,画出最真实的生活。她用自己内心的光芒,照亮了生活在钢筋水泥中的我们。她用她的画笔告诉我们:艺术的本真就是心灵!

7. 房子

小的时候,房子是用彩笔画出来的或者是用积木堆起来的,过家家的游戏中一成不变的有爸爸、妈妈、孩子,所以房子各种各样、色彩斑斓,窗外阳光灿烂。慢慢长大,常常房门紧闭,或者工作,或者恋爱,或者约会,房子变得与旅馆没有太大区别,但是想得最多的是如何拥有一套属于自己的房子。等到成家立业,房子里开始有了另外的味道,淘气的孩子会把房子摆成杂货摊,但是房子里有饭菜香,有欢笑声,橘黄色的灯光每晚都在亮着。等到年老,房子只剩下一个空壳,好像人只剩下一把沧桑,幸运的话,身旁还有那个陪伴自己走过一生坎坷的人。在这所房子里有两件事可以做,一件是等孩子回家,另一件是等该来的终结。人生从开始到终结,所走过的无非是从这个房子到那个房子,房子里的孩子、青年、中年的身影在消失,现在想要往前走一小步都变得艰难,所以很少看朝阳,常常躺在摇椅上看落日。打开房门,似乎又看到了画中的房子……

8. 两位老人

两位老人坐在病床上,一个哭着,一个笑着。

笑着的老人非常幸福:"这身衣服、帽子、围巾,全是我女儿买给我的,女儿说给我花钱是种幸福!"哭着的老人说:"我这辈子就花了儿子一笔钱,就是我家院子里的那口棺材……"

哭着的老人回忆道:"记得我 6 岁那年,母亲给了我 3 毛钱,让我买点鸡蛋,结果我背着她偷偷买了好多好吃的,我觉得用父母的钱做什么都天经地义。20岁那年,我考上了大学,爸妈为了供我把所有的积蓄都拿了出来,而在学校,我渐渐地学会了攀比,三天两头回家要钱,要买漂亮衣服,要吃好吃的,要和同学们出去玩,我享受着大把大把花钱的乐趣。然而我却不知道父亲为了赚钱,已经病倒了,却没钱去医院……到了40岁,我不再舍得为自己花钱,我开始用赚来的钱全力供养儿子,我花大把的钱,让他去最好的学校读书,给他请最好的家教,吃最有营养的饭菜。儿子健康成长,是我最大的心愿,也是我最开心的事!现在,我已经快70岁了,特别希望儿子能陪陪我,我想他……我已经花不动钱了,而儿子却给我买了口棺材,还叫我放心,他会让我有个气派的归宿。"

世界上,最无私的奉献是伟大的父母给孩子的那份爱,最心寒的回报是儿女对父母的冷漠与无限制的索取。

第八单元 交流与适应

第一部分 理论概要

交流与适应是主持人必须具备的一种能力。主持人必须及时、准确地接收对方所传递的信息,同时快速、准确地作出反应。对一般人而言,在当今的社会生活中,与人的交往能力也十分重要,"交"就是给予,"往"就是接受,两者相互影响。交流就是通过互动,进行真实的思想情感的沟通,用自己的思想意图积极地影响对方的心理、意识和行为。

要实现真实的交流,需要双方注意力高度集中,真正地关注和感知对方,了解对方的意图和目的,主持人和嘉宾、观众才能产生真实生动的交流。

我们必须在各种场合都能做到注意力集中,专心于应该注意的对象。从真听、真看、真判断、真思考、真感受开始,加强自控力,全身心投入到与对象的交流中,做到交流的真实。因为交流是真情实感的流露,是真实情绪的体验,要在真实的交流中,展现自己,树立自己真实可信的形象。

第二部分　教学内容与同步练习

一、形体训练

（1）"似曾相识"练习。由一位学生设想自己在什么环境,另一位学生上场,通过两人眼神的对视,表明似曾相识,表明曾有过的关系、交往、交往的程度、分离时间长短……即兴地进行交流适应。

（2）人物关系转变练习。由两个学生来做,一个人物身份不停转换,另一个要适应对方身份的转换,作出相应的变化。例如,一个人物可以是母亲,另一个就是孩子;一个人物转变成老师,相应地另一个就要转变成学生;一个人物转变成交警,另一个就转变成出租车司机……身份转变越多越好,而且要真实可信,要求学生完全放开,有当众展示的强烈愿望。（见光盘）

二、语言训练

以历史(中外历史均可)结合人物关系进行即兴评述。

第三部分　教学目的与要求

一、形体训练

（1）要求学生和对方进行真实的交流,感受对方的意图。

(2)要求学生真实地接受对方的给予。

(3)要根据对方的给予适当反馈。

(4)要求学生展开真实的交流,以对方为依据设计自己的动作。

二、语言训练

(1)不同时代有不同的特点、生活方式,让学生认识历史、评价现在,达到说古论今的目的。

(2)要求学生运用归纳、类比论证等方法进行评述,灵活地运用不同的思维方法,表达自己的思想。

(3)要求评述有思辨性。

(4)通过对历史的思考,培养学生的独立思考能力和辨别能力。

本单元注重培养学生厚重的气质。

第四部分　学生作业例稿

形体训练"人物关系转变"与历史结合进行评述。

1.一瞬当惜

我的脑子里一直回荡着一句话:"若不知来日山高路长,一瞬当惜。"这句话像一面镜子,照映出各种画面,在我的眼前来回跳跃。我看到了大周后恨别离的眼神,看到了那个温柔多情的皇帝"刬袜步香阶,手提金缕鞋"的仓皇身影。

都说李后主"作个才人真绝代,可怜薄命作君王",所以在意外当了皇帝之后他也依旧肆意散漫,诗词为伴。可是他忘了,他坐的是万金之椅,拿的是传国之印,江山社稷和百姓都要仰仗他。可是,我们看到这个本为才子的君王却将政务视为儿戏,只知道沉浸在脂粉堆里。

昔日吟咏的风花雪月转眼成云烟,那"剪不断,理还乱"的愁绪,岂是一江春水能道尽。只怕他也在想,若当日珍惜,怎有今天!

2. 晨钟暮鼓

也不知是谁说出"手表是男人身份的象征"这样所谓的"真理",让本来简单的计时工具有了与众不同的意义,而各种世界名表便成为人们追逐的目标。其实,这样的时尚在中国的清朝就已经开始盛行了。

清朝时期,马格尔尼使团出使中国,便带了许多钟表作为礼物相送。"物以稀为贵",当时的达官贵人一下子就喜欢上了这个有趣的玩物,甚至皇帝也为此建立了一个御用做钟处,专门由英国人为皇上制作钟表。不过,如果你以为皇帝是为了用钟计时,那你就大错特错了。不信你瞧,这一个个钟表都庞大而奢华、沉重而复杂。英国钟表制造商为了迎合皇帝的喜好,将每一个钟表都制造得气派、华丽,而钟表计时的功能成为次要。钟表成为清代皇室奢华的象征,但阵阵钟鸣却未能敲醒自以为天朝大国的清政府。善于机械制造的英国不只制造了钟表,也制造了枪炮,而盲目自大的中国最终走向了衰败。

不同的时代却有着相同的潮流,现代社会许多人忽略了钟表的本质,而去追求钟表奢侈的品牌,手腕上往往是动辄上万的名贵手表。"欲觉闻晨钟,令人发深省",佛教寺院早敲钟晚击鼓,提醒僧人精进修持,而现今滴滴答答的时针轮回也提醒着我们,在潮流的背后,更应深省和奋发!

3. 嵇康

当清爽的秋风将天空吹得更高远,当游子望断最后一只南飞雁,当枝上的绿叶换上橙黄的新装,便又到了菊花飘香的时节。

听见那清脆的打铁声了吗?强健的肌肉散发出生命的气息,熊熊的烈火铸造着高尚的情操,嵇康,这个时代的英雄,过着铁匠的生活。

因为《与山巨源绝交书》铿锵的言辞已经向所有人宣告他对仕途的不屑!"竹林七贤"永远过着"邺下放歌"、"竹林饮酒"、"曲水流觞"、"南山采菊"的生活,不要让世俗的秽气遮住了菊花淡淡的幽香。

或许这就是生命的真谛,对信念的不懈追求,追求自由、追求崇高,追求生命的价值,抛开他人的期望,抛开他人的劝阻,坚守着自己的向往。

清脆的打铁声从远处传来,当远古的大鹏展翅欲飞,当滔滔的江水向天咆哮,便又到了金秋时节,于是又闻到了从远古飘来的菊香!

4. 女人当自强

人们常说,女人是一种捉摸不透的动物。其实,女人很简单。女人可以是水,但更可以是钢。

南北朝时期的巾帼英雄花木兰,女扮男装,替父从军十二年,历经战场的凶险和生活的艰辛,最终凯旋。从此,花木兰成为千百年来受人们尊敬的女性。她的故事和精神都激励着人们,特别是当代的女性。

并不是说每个女人都要去历经沙场,而是要有花木兰的那份勇气去实现自己的理想。花木兰能够完成男人做的事,当代女性难道就不能打造属于自己的一片天地吗?甩掉比男性柔弱的思想,丢掉相夫教子的包袱,勇敢地去追求自己的理想,即使追梦路上总是磕磕绊绊。随着社会的发展,人们对于女性的关注越来越多了,社会给了女性越来越高的地位、越来越多的机会,当代女性就更应利用这些去展示风采,去创造价值!

5. 千古一帝

泱泱大中华,上下五千年,在这浩瀚的历史长河中,各路豪杰英雄辈出,从启开始将"公天下"变为"家天下"建立夏朝,之后的一千四百多年,中国社会一直处于奴隶制,直到秦始皇统一六国,第一个封建统治王朝诞生。因此,秦始皇也被后人称为"千古一帝"。其实关于"千古一帝"有很多种说法,下面我们就细数一下,有哪些杰出帝王可以称得上"千古一帝"。

(1)秦始皇。秦始皇嬴政是秦朝开国皇帝,在位37年。他建立皇权制度,中央实施三公九卿,地方废除分封制,代以郡县制,统一文字和度量衡,北击匈奴,南征百越,修筑万里长城。他把中国推向了大一统时代,为建立专制主义中央集权制度开创了新局面,对中国和世界历史产生了深远影响,奠定中国两千余年政治制度的基本格局。他被明代思想家李贽誉为"千古一帝"。

(2)汉武帝。汉武帝刘彻在地方设置刺史,开创察举制选拔人才。采纳主父偃的建议,颁行"推恩令",解决王国势力,并将盐铁和铸币权收归中央。文化上采用了董仲舒的建议,"罢黜百家,独尊儒术",结束先秦以来"师异道,人异论,百家殊方"的局面。汉武帝时期开疆拓土,击溃匈奴帝国、东并朝鲜、南诛百越,征服大宛,奠定了中华疆域版图,首开丝绸之路、首创年号,兴太学。他开拓汉朝最大版图,功业辉煌。汉武盛世是中国历史上的三大盛世之一。

(3)隋文帝。隋文帝杨坚是隋朝开国皇帝,他统一了严重分裂数百年的中国,开创先进的选官制度,发展文化经济,使得中国成为盛世之国。隋文帝在位期间,疆域辽阔经济繁荣,是中国农耕文明的巅峰时期。杨坚是西方人眼中最伟大的中国皇帝之一,被尊为"圣人可汗"。

(4)唐太宗。唐太宗李世民是唐朝第二位皇帝,在位23年,开创了著名的贞观之治。他对内虚心纳谏,厉行节约,轻徭薄赋,使百姓休养生息,各民族融洽相处,国泰民安。对外开疆拓土,攻灭东突厥与薛延陀,重创高句丽,设立安西四镇,被各族人民尊称为"天可汗",为后来唐朝全盛时期的开元盛世奠定了重要基础。

6. 不要忽略身边的人

人在很多时候,总是会忘记身边最亲的人,因为在身边,因为最亲,便常常忽略。

据《汉书》记载,汉宣帝时京兆尹张敞颇有政绩,他妻子小时候因为摔倒额头跌伤,缺了一小块眉毛。于是,张敞每天在妻子化妆时,都仔细为妻子把笔画眉,不免早朝迟到。他的政敌上书皇帝,诬告张敞"风流"。张敞对汉宣帝说:"闺房之乐,有甚于画眉者。"点滴之间,透露着珍爱妻子的情意。

现实生活中,很多人不懂珍爱身边的人。他们以为身边的人离得最近,有的是时间相处。然而,"树欲静而风不止,子欲养而亲不待",世间一切都是那么让人难以预料,很多事情是不能等待的。我们应该学会善待身边的人,多关爱身边的人,不要等到失去了才懂得珍惜。

7. 文天祥

面对死亡,你会害怕吗?一般人应该都会,因为死亡之后的世界是未知的,是虚无的黑暗。不过,有的人不会,他们会为了心中的信念而直面死亡。

文天祥是南宋的抗元名臣。但是南宋风雨飘摇,面对元军的铁蹄毫无还手之力。文天祥兵败被俘,元军试图以高官厚禄引诱他归降,被拒绝,又以死亡相威胁,又被拒绝。文天祥直言求死,他决心以死报国。元朝统治者看到劝降无效,给文天祥上了刑具,把他关在一间阴暗潮湿的监牢里。那里一年四季透不进阳光,冬天冷得像冰窖,夏天臭气熏天,蚊虫成群。就在这样的牢房里,文天祥被关了四年,受尽各种各样的苦难和折磨,但这丝毫没有动摇他以死报国的决心。最终,文天祥坦然地接受了死亡,还留下了"人生自古谁无死,留取丹心照汗青"的千古名句。面对死亡,文天祥坚持了自己的信念,他以死明志,用死亡来表达他对于祖国的一片忠心。

  人之所以为人,是因为心中有信念。没有了信念,人不过是一具行尸走肉。人的一生,要是能为了自己的信念而付出一切,其实是最幸福的一件事。

第九单元　新闻节目主持人

第一部分　理论概要

新闻是新近发生事实的报道。因此,要用事实说话,新闻评述要注意以下几点:

(1)在没有完全掌握和理解事实前不要评述,要判断新闻的价值。

(2)在没有想好说什么之前不要评述,要明确哪些事实是关键。

(3)在没有想好怎样说之前不要评述,要有评述的总体构思和框架结构。

(4)开篇语言必须有可听性,能吸引人。结尾要给人留下深刻的印象,发人深省。

(5)评述时一定要把事实放在最前面,并要抓住事件的特点。必须是真人真事,不能有所歪曲和掩饰,也不能夸大和缩小。

(6)整篇评述尽量少用形容词,巧用动词,层次清楚、中心明确。

(7)要在事实的基础上总结出深刻的道理,要能使观众信服和赞同,不能凭主观臆想进行推理。

新闻节目不仅仅是"新的见闻"的传播,更深层的意义还在于探讨如何构建和谐的人与自然、人与人、人与社会的关系。新闻主持人要求仪态

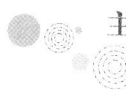

端庄、大方、可信,语言准确清楚,态度客观公正。

第二部分 教学内容与同步练习

要求学生做一期新闻节目。按照新闻节目要求,修改学生作业和调整学生状态,使学生明确新闻节目的特点和对主持人的要求。

第三部分 教学目的与要求

要求学生掌握新闻评论节目的特点及新闻节目主持人应有的状态。

第四部分 学生作业例稿

1.廉政问题

观众朋友们,大家好,欢迎收看本期的《新闻纵横》。

廉政问题一直是社会各界广泛关注的问题,近几年来,通过一系列的案件,我们不难发现,大多数贪污腐败事件往往发生在拥有一定职权的人身上。今天要讲的这个事件,正是其中的一个典型。

刘卓志,中国共产党党员,曾先后担任内蒙古自治区锡林郭勒盟盟委书记,内蒙古自治区锡林郭勒盟盟委书记、盟人大工委主任,内蒙古自治区锡林郭勒盟盟委书记、内蒙古自治区副主席、党组成员等职务。

2012年7月2日,内蒙古自治区人民政府原副主席刘卓志被北京市第一中级法院以受贿罪判处无期徒刑,剥夺政治权利终身,没收个人全部财产。

法院经审理查明,2002年至2010年,刘卓志在担任内蒙古自治区锡林郭勒盟盟长、盟委书记及内蒙古自治区人民政府副主席期间,利用职务便利,为21个单位和个人在企业经营、采矿权审批、职务升迁等事项上谋取利益,单独或伙同其妻宋巍(另案处理)86次收受相关人员给予的钱款共计折合人民币817万余元。

这个案件反映了当今社会"权钱交易"的问题,正是由于某些领导干部自身权利和职位的不断提升,所面临的诱惑越来越大,稍有不甚,就会深陷其中,无法自拔。有句话说:"勿以善小而不为,勿以恶小而为之。"在这个社会上,诸如刘卓志一类的官员,他们开始在一些小事情上没有把持住自己,以至于到后来越陷越深,最终一步步地走向深渊。

所以说,加强政府部门监管力度十分重要,国家只有采取一系列有效的措施,规范干部的行为,才能培养出优秀的干部人才。由于"官本位"的传统观念根深蒂固,官位承载的现实利益太多太重,而在这些的背后,需要我们的干部调节好自身心态,时刻提醒自己抵制诱惑。

这个案件再次提醒我们,法网恢恢,疏而不漏,只要触犯法律,终将受到制裁。

好了,本期的节目就到这里,我们下期再会!

2. 廉政问题

观众朋友们,大家晚上好,欢迎收看本期的《看天下》。

大家都知道,中国香港的廉政建设闻名世界。

据国际反贪污组织"透明国际"公布的"清廉指数"调查称,中国香港地区在1997年之前,"清廉指数"排名世界第18位,而1999年则排名第15位,2003年又上升到第14位。其后,基本保持了这一水准。这一成就

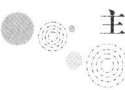

的取得,无疑与中国香港地区廉政公署成立多年来打击贪污腐败的行动密切相关。

廉政公署是专门反贪的机构,它具有不容置疑的权威。按照"权力来源于谁,就对谁负责"这一基本的法理原则,廉政公署由特区行政长官任命,并只对其负责。但是如果特区行政长官涉嫌贪污受贿,廉政公署一样有权力查处他。因为香港是一个法治的社会,没有任何个人、任何机构可以凌驾于法律之上,特首也不例外。

廉政公署有一个绝招——"零宽容",就是你贪污一元,那也是贪,他们也要查。并且,如果被起诉的贪污罪名成立,那么这个人将失去公职和高达几百万港元的养老金。在香港高级警官冼锦华案中,冼锦华因性贿赂罪名成立,被判刑两年,失去了公职和373万港元的退休金。

制度的建设是廉政文化建设的根本保证。离开了制度建设,廉政文化就是无源之水、无本之木。明朝初期,朱元璋为了建立廉政制度,采取了活剥贪官人皮的办法,手段不可谓不残忍,仍然挡不住贪官"前仆后继"。我曾经迷惑不解:人的贪欲竟然到了如此的程度,简直匪夷所思。后来,慢慢地想明白了:朱元璋反贪腐的手段够狠够厉害,但不是建立在民主政治制度下的反腐制度,虽然有一时之效,有抑制、震慑贪官污吏的作用,却不能从根本上改变人的贪欲。人的贪欲,是人的私心极度膨胀的结果。如果自律能够解决所有问题,制度、法律就没有存在的必要了。廉政文化的着眼点,必须放在推动廉政制度建设上来。

好了,本期的节目就到这了,感谢您的收看,我们下期再见。

3. 青藏铁路

自国务院制定了有关西部大开发的战略方针以来,我们的国家和城市为之付出了巨大的努力。2001年6月29日正式施工的青藏铁路是西部大开发的核心工程之一。这是一条东起西宁、西至拉萨,全长1956公里的高原铁路。其中有960公里的路段海拔超过了4000米,最高建设海拔甚至达到了5072米,有550公里的建设土地为常年冻土。青藏铁路是世界上建设海拔最高、全程最长的铁路,因而被人们称为"天路",使我们距离"世界屋脊"不再遥远。

青藏铁路不仅推动了西部地区经济的发展,更重要的是具有环境保护的意义。从经济上说,它沟通了中东部地区与西藏的交流,使西藏的工农业产品可以输出,使游客可以坐火车去西藏旅游,而不是像以前那样只有通过飞机和公路才能到西藏。而青藏铁路最大的价值是环境保护。青藏铁路是世界上第一条为动物迁徙开辟绿色通道的铁路,也是世界上第一条在轨道周围铺设草坪的铁路。可以说它是一条在确保高原生态未受明显影响的情况下建成的铁路。

什么是中国特色的发展道路?我想青藏铁路已经为我们完美地阐释了这个答案。只有在保护环境的前提下发展经济,才是我们应该走的正确道路。

4. 人民警察

说到人民警察,人们的眼前很快会浮现出一个高大威猛、阳刚十足的帅气形象。可就在第四届"我最喜爱的人民警察"的评选活动中,却有一个温柔娇小的身影引人注目,形成了一道别样的风景。

6月12日,由公安部与中央电视台共同举办的第四届"我最喜爱的人民警察"评选结果在北京正式揭晓,贵州省贵阳市公安局特警支队林豹突击队副大队长潘琴成为"我最喜爱的十大民警"中唯一的女性。

潘琴今年29岁,2006年11月正式参加公安工作。她因对工作的严谨态度、对警察这份职业的由衷的热爱,被人们称为"贵阳第一特警"。

2009年11月2日凌晨2点,突击队接到支队指令,清镇市发生持爆炸装置劫持人质事件,命令突击队立即前往,当天带班的正是刚提任为副大队长的潘琴。接到指令后,潘琴迅速集合队伍,火速奔赴现场。此时,

清镇市某公司值班室内,一名声称腰绑爆炸物的犯罪嫌疑人劫持了一名10岁男孩。该男子扬言要15万元赎金才释放人质,如果报警或发现警察、警车,就立即引爆身上的爆炸物。在得知详情后,潘琴主动要求进入值班室探明情况。随后,潘琴与队员潘祖楼不顾危险,进入值班室与嫌疑人谈判。嫌疑人的情绪起伏不定,不时有冲动的言行,潘琴和队友的生命也始终悬于一线。凌晨4时左右,经过2小时的协商,嫌疑人已明显感觉体力不支,要求离开。潘琴急中生智,主动要求为犯罪嫌疑人提供车辆,并与犯罪嫌疑人上车离开,按其指定的方向行使。途中,潘琴沉着应对嫌疑人,毫无畏惧,一边与嫌疑人交谈转移注意力,一边寻找时机,同时要保护年仅10岁的小男孩。在行车途中,潘琴找准时机、果断举枪射击,击中嫌疑人的头部,顺利完成任务。她的机智与勇敢使人质得到了成功解救,犯罪嫌疑人身上的0.89公斤炸药最终未被引爆。

身为警察的潘琴用勇气与智慧证明了自己的价值。潘琴代表的是成千上万个工作在一线、不顾生命安危的女公安民警。她们把女子的柔情藏在心底,把职业的责任谨记心中,舍小家为大家,是现代社会中不折不扣的女英雄。

5. 公益组织"壹基金"

观众朋友大家好,欢迎收看这一期的《大社会》,我是××。

大家看到我手上的这张图与就是由李连杰先生发起成立的新型公益组织"壹基金"的Logo。这个Logo的外形是一个笑脸,一双大眼睛,上扬的嘴角,这个Logo最重要的元素是"1"。当时李连杰先生为什么想要成立"壹基金"呢?在今天的节目当中,我们将带您一起走进"壹基金"。

2007年,中国红十字会授予李连杰"博爱大使"的称号。作为"博爱大使"的李连杰想到当时中国的慈善机构还很少,人们有困难的时候,无法得到更多的帮助,于是李连杰发起成立了"壹基金"。他的理念是:一人十一个月十一元钱＝一个大家庭,集合每个人的力量,让小捐款帮助大慈善,随时帮助需要帮助的人。但是当时的"壹基金"是一个民间慈善基金会,不能向公众募捐。当时很多人对此颇有非议,但是李连杰并没有被这些非议所困扰,他继续坚持着这项爱心事业。

2007年,云南普洱发生6.4级大地震,"壹基金"捐款10万元;2007年7月,中国部分地区遭遇严重灾害,损失惨重,"壹基金"又捐出10万元善款。

也许相对于其他大额捐款,这10万元是微不足道的。但这10万元是大家一块钱、一块钱凑起来的,也就是说这10万元就汇聚了10万个人的爱心。随着一颗颗爱心的汇聚,"壹基金"逐渐被大家所接受,但它一直没有独立的身份。李连杰说"壹基金"就好像一个没有身份证的孩子,所以他不断努力、不断争取,终于,在2011年1月11日,"壹基金"在深圳落户,注册名为"深圳壹基金公益基金会",成为一个独立的慈善机构。

功夫不负有心人,李连杰通过自己的努力,终于使"壹基金"被大家认可。"壹基金"作为一个新型的公益组织,是一个具有革新性的事物。刚开始时,它总会受到各种非议,但时间会证明它的价值。试想如果当时的李连杰退缩了,"壹基金"可能也就不存在了。所以当我们要去做一件事情的时候,开始肯定会遇到很多非议、很多困难、很多压力,但我们千万不要被打倒。也许当你走过一片荆棘之后,回过头,会发现自己收获了很多。同时,你也会发现身后还有许多人正沿着这条路慢慢走来。所以,遭遇困难、遭遇非议,不要害怕,跨过去,你会发现,成功就在彼岸!

6.支教青年徐本禹

观众朋友们,大家好。欢迎收看本期的《特别关注》。

昨天晚上,"感动中国"人物评选活动如期举行,在这次评选活动中有一位大学生格外引人注目,他的事迹更是让我们感动不已,热泪盈眶。他就是徐本禹。

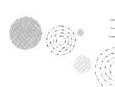

徐本禹,山东聊城人,1999年就读于华中农业大学。2003年,徐本禹以372分的高分考取了本校农业经济管理专业的硕士研究生。然而,2003年4月16日,徐本禹却作出了让所有人大吃一惊的决定:放弃攻读研究生的机会,去贵州省大方县大水乡大石村支教。那么,是什么让他作出这样的决定呢?

原来,徐本禹本身就是一个贫穷家庭的孩子,父亲是乡下教师。因此,他从小耳濡目染,了解帮助他人、传播知识的重要性。而从大一开始就被别人的帮助温暖着的徐本禹,也立志以自己的力量和方式帮助和自己一样贫困的孩子,以此回报别人的关心。他用自己勤工俭学挣来的微薄津贴和刻苦学习得到的奖学金,在大学四年里悄悄资助着五个比自己更困难的孩子。2002年7月,徐本禹为响应西部大开发的政策参加了学校组织的暑期社会实践,到贵州省大方县猫场镇狗吊岩村设在山洞里的"为民小学"支教一个月。这一个月的支教生活是十分艰苦的,一个自然形成的岩洞是他们的教室,里面一块岩石则是他们的黑板,几块砖头支起了课桌。岩洞是没有封口的,当地老师说,冬天的时候,在教室里面孩子们会冻得牙齿打架。环境如此简陋不堪,然而一个月支教结束后,徐本禹却不舍得离开,一直挂念着可爱的孩子们。于是他毅然放弃深造机会,回到贵州实现自己"阳光下的诺言"。

从他的事迹中,我们看到了一名大学生用自己闪光的足迹走出了一段无悔的青春,唱响新时期志愿者的奉献之歌。这也让我们联想到西部开发中每一个平凡的人,他们看似平凡却做出了许多不平凡的事情,为西部的建设和发展贡献了自己的一份力量。

7. 社会安全

大家好,欢迎收看《新闻全搜索》,我是××。

夜晚独自一人到ATM机取款,却遭遇歹徒持刀抢劫,成都的古女士至今记着让她惊魂未定的一幕。具体怎么回事呢?来看一下警方获取的监控录像。

3月21日晚9点,古女士来到成都小天竺某银行的ATM机取款,就在她取完钱正准备离开时,从外面进来两个年轻人。其中一人迅速拿出一把尖刀抵在她的背部开始低声恐吓。古女士被吓得尖叫一声,随即便苦苦哀求。持刀劫匪恐吓她如果不给钱就捅死她,无奈之下,她只得将钱给了劫匪。4月11日警方将两名犯罪嫌疑人成功抓捕,据查证,他们先后作案80多次,金额从几百元到上千元不等,作案方式简单,目的就是抢钱,钱多钱少无所谓。

在此,我们提醒大家,遇到劫匪千万不要与其发生正面冲突,把钱给他,保证自身安全最重要。一定要记住对方的体貌特征、服装服饰以及逃跑路线,在确认安全后迅速报警。最好不要夜晚独自一人去取款,尽量有人陪同,这样才能尽量避免意外的发生。

8.食品安全

甲:"某某,你知道么,最近网络上评论说,2012年最忙的不是世界末日,也不是杜甫。"

乙:"哈,我知道,最忙的是皮鞋。'上得了厅堂,下得了厨房,涉得了水塘,制得成食粮。酿成酸奶,压成胶囊。想吃果冻,果冻里有皮鞋,想喝酸奶,酸奶里有皮鞋,感冒要吃药,药里还是有皮鞋。'"

甲:"看来大家都听说了,的确,网络上很多人还发出了倡议,快给老百姓洗洗肠吧。"

乙:"事件是这样的,在4月9日,中央电视台著名主持人赵普发微博称:'来自调查记者短信:请大家不要再吃老酸奶和果冻了。尤其是孩子,内幕很可怕,不细说。'"

甲:"媒体人'朱朱文强'也发微博称,'央视一哥们说,以后别吃果冻

和酸奶,问为啥,他比喻说,哪天你扔了双臭皮鞋,转眼就进你们肚子了。''朱朱文强'还说,这才是今年'3·15'晚会的重头戏,可惜没播。"

乙:"嗯,虽然后来两人都删了微博,但是引起了网友们沸沸扬扬的猜测,最终揭开了谜底。原来这酸奶、果冻、胶囊还有胶原蛋白等里面有一种添加剂叫明胶。"

甲:"合格的食用明胶是从动物皮、骨料内提胶,制作成本很高,一吨原材料要2000～3000元。在利益的驱使下,工业明胶的制作方式就被创新出来。一吨旧皮革只需200～300元就可以收购,但是制成明胶却可以卖2万～3万元。而且这样的工业明胶和食用明胶是一样的剔透,对消费者来说足够以假乱真。"

乙:"各种有毒物品让人防不胜防,地沟油我们得吃,臭皮鞋明胶酸奶还得喝。'免疫'了、'百毒不侵'了,我们只能用苦笑掩盖内心的苦痛。"

甲:"从三聚氰胺、瘦肉精、牛肉膏到工业明胶,食品添加剂使人人自危,但最终,人们却还是在经济利益驱使下'锦上添花'。"

乙:"猪肉没错、明胶也没错,只是使用它们的人心术不正,才给社会带来危害。我们一直在谴责食品安全问题,却从未能根治。"

甲:"究其根本,不仅在'良心'二字上,也在监督检查上,更可怕的是在权钱交易上!对这些问题,有关部门应高度重视,将相关涉案分子绳之以法。"

第十单元　社会教育节目主持人

第一部分　理论概要

社会教育类节目(以下简称社教类节目)内容主要涉及政策、法律、科技、经济、文化等各领域,承担着传播知识和教育功能。传播知识要注意科学性,要有严密的科学依据,并且能深入浅出,把深奥的科学原理解释得清楚明了。在传播中要考虑观众的接受能力,把知识的难点解释清楚,并明确传播的重点。在节目构思上要考虑趣味性和看点,要能把枯燥的理论直观形象地表现出来,具有可听性、可看性,有人情味和吸引力。同时,要注意节目的通俗性,能让更多的观众看懂并且感兴趣。

主持人首先要明确传播的是什么知识,在节目编排上一定要把知识放在首位,事例放在后面,事例是对知识的说明。另外主持人要有较高的文化修养和丰富的知识储备,总体形象应自信、稳重、沉着、真诚。

第二部分　教学内容与同步练习

要求学生做一期社教类节目。按照社教类节目要求,修改学生作业

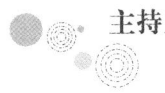

和调整学生状态,使学生明确社教类节目的特点和对主持人的要求。

第三部分 教学目的与要求

要求学生掌握社教类节目的特点及社教类节目主持人应有的状态。

第四部分 学生作业例稿

1. 商界巨头沃尔玛

各位观众,大家好,欢迎收看《大商场》节目。

众所周知,沃尔玛是世界上最大的零售企业之一。究竟是什么使沃尔玛打败业内的所有巨头,创造了世界零售业史上如此辉煌的奇迹?在今天的节目中,就让我们一起走进沃尔玛,探索它成功的秘诀。

沃尔顿曾经说过:"沃尔玛业务的75%属于人力方面,是那些非凡的员工肩负着关心顾客的使命。把员工视为最大的财富不仅是正确的,而且是自然的。"在沃尔玛的整体规划中,建立企业与员工之间的伙伴关系被视为最重要的部分。沃尔玛在员工中实施"利润分红计划"、"员工折扣规定"和"奖学制度",另外还包括带薪休假、节假日补助、医疗保险、人身保险等福利。沃尔玛尊重、平等对待公司的每一个员工,给员工最大的关怀。

在竞争激烈的商战中,要想占得一席之地,获取利益的最大化,一个至关重要的条件就是具有强大的人才储备。而沃尔玛在过去几十年中建立了一整套行之有效的人才制度,把对于人才的吸纳、培养、提拔作为一项重要工作。终身培训机制的建立体现了沃尔玛对员工培训和教育的重视,沃尔玛建立了一套行之有效的培训机制,并投入大量的资金。对于每一位员工的表现,人力资源部门会定期进行书面评估,并与员工进行面谈,存入个人档案。这些资料也将作为员工日后获得晋职提升的重要依据。及时发现人才,并积极创造环境以最大限度地发挥人才潜力,是沃尔玛的人才观,正是这些成就了沃尔玛今天的辉煌。

中国有一句古话:成大事者不拘小节。但在纷繁复杂的商战之中,小节失利必将大事难成。因为每一个细节都可能成为胜败的关键。

好了,今天的节目到这里就和大家说再见了。我们下期再会。

2.楼市背后

各位观众,大家好,欢迎收看《今天楼市》。

最近几年,房价的飙升一直是大家关注的焦点,而房地产暴利似乎已经成为中国社会的一种常态。

2011年5月,北京豪宅逆势而动,钓鱼台7号院涨至30万元每平方米,从北京最贵楼盘升至全国最贵,创下了最严限购令下的楼市暴利。不过,目前该项目已经被暂停销售。经调查发现,京城另外两大在售豪宅霞公府和长安8号,尽管价格未现涨势,却也在以不同的手段攫取暴利。"狂涨价"、"久囤地"、"撬地球"是楼市三大暴利法则,在京城三大豪宅项目中被演绎得淋漓尽致。

实际上,很多国家在经济发展过程中都曾经或正在面临房价过高的难题。政府对房地产市场如何进行宏观调控,抑制房地产市场泡沫,保证社会经济秩序的正常运行,一定程度上也是对政府执政能力的考验。

目前,政府在解决低收入人群住房问题上采取了四方面措施:一是建立健全廉租房制度,二是提供经济适用房,三是建立了住房公积金制度,四是推进棚户区改造。

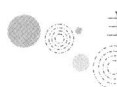

我们应从大局出发,权衡利弊,相信政府各部门能对房价下调起到积极的推动作用。

好了,这次节目到此结束,下期再见。

3. 文坛人物张爱玲

甲:"观众朋友们,这里是《书情回暖》,我是××。"

乙:"我是××。今天的节目中我们要跟大家聊聊20世纪40年代的上海和生活在这个时代、这个城市的一位女性。"

甲:"是的,20世纪40年代的上海是一片灯红酒绿,有的人过着醉生梦死的生活。"

乙:"张爱玲就是当时红极一时,极富传奇色彩和神秘魅力的著名作家。"

甲:"相信很多人都熟知这个名字,张爱玲出生于上海,同时又被称为'旗袍丽人'。她为大家带来了许多精彩的文学作品。"

乙:"我最喜欢《倾城之恋》和《半生缘》这两部长篇小说。"

甲:"还有《流言》、《红楼梦魇》、《海上花开》、《海上花落》等作品。我想大家最为熟悉的当属《倾城之恋》。故事中,白流苏和范柳原,一个破落世家的离婚女人和一个饱经世故的老留学生,两人来自不同的文明和世界,有着不同的身世和欲求。"

乙:"原本毫不相干的人被命运牵在一起,靠一场惊心动魄的倾城战火结成了婚姻……"

甲:"这也是张爱玲书中极少见的大团圆结局。"

乙:"除了白流苏,张爱玲也勾勒出了无数个性格鲜明的女性形象。"

甲:"比如被金钱侵蚀毒害的,有着强烈的占有欲望和复仇愿望的《金锁记》中的曹七巧;心甘情愿地被囚禁被封闭在家庭的城堡之中,失去追求自由的勇气和力量的《留情》里的敦凤等等,这一个个鲜明的女性形象

包含着太多悲情和传奇色彩,就像张爱玲本人一样。"

乙:"那么下面让我们一起通过一段短片来进一步了解这位传奇人物——张爱玲。"

4.古代服饰

各位观众,大家好,欢迎收看《回眸历史》节目。

今天我们要向各位介绍的是历史上不同朝代的服饰文化,我们常说"仓廪实而知礼节,衣食足而知荣辱"。古往今来,每个朝代、每个时期都有不同的喜好和审美观,而服饰是每个时代特色的代表。

原始时期人们以兽皮和树叶遮蔽自己的身体,原始部落的头饰是区分部落的重要标志,每个部落的头饰都有区别,只有首领才能佩戴羽毛。

如果说头饰是原始人的区分标志,商代的区分标志便是在脚上。商代人都是穿及臀短衣、长袖,腰间有束带,而鞋子却有很大不同。权贵人士穿高帮平底翘头履,中上层百姓穿高帮平底履,中下层只有一层鞋底,用绳子系在脚上。

"垂裳而治天下",从西周开始,服饰不只用于阶级区分,而更多的与政治、道德联系在了一起,于是便有了著名的王权标志图案,分别是日、月、星、火、粮食、鸟、蟠龙、弓形斧、水藻等。"山"寓意江山稳固,"鸟"寓意有文章之德,"火"寓意光明,"粮食"提醒统治者要惜福养民,这些图案一直沿用到唐代。

到了春秋时期,长袍和胡服开始流行。这时期的服饰图案出现了各种鸟兽、草木,与几何图形相得益彰,加上直线和弧线,更体现了当时的美学风貌。

而魏晋南北朝这一混乱的时期,则强调人的个性解放,追求自我。这一时期的男子身穿直领宽袖的肥大长袍,敞开衣襟,追求轻松自然;女子则长裙大袖,饰带层层叠叠,追求优雅和飘逸。

武则天时期,特制了一种"武家诸王样"的头巾,赏赐给那些归顺于武则天的臣子。内府特制了一种新式绣袍,绣上了不同的纹样以区分文武官级。武官绣兽,文官绣禽,"衣冠禽兽"最早是形容服饰的,并无贬损之义。这样一来,朝堂上就出现了新旧两种官袍这样鲜明的对比,善于察言观色的臣子也就"弃暗投明"了。

各个时代有各个时代的特色,服饰是时代特色的代表,它在社会发展中有着独一无二的标志功能。

好了,本期节目到此结束,欢迎下期继续收看。

第十一单元　服务节目主持人

第一部分　理论概要

近年来,服务类节目内容日渐丰富,形式也越来越多样化。它要求主持人要有对广大受众生活状态的准确判断和认识,要有对经济形势的思考、市场情况的调查研究、消费规律的把握,了解不同受众群体的特点和心理需求、物质需求,这样才能做好服务类节目,满足广大受众对服务节目的要求。服务类节目要注重实用性、时效性,因此,要变复杂为简单,方便易学,变枯燥为兴趣,生动有趣。主持人应亲切自然,周到诚恳,循循善诱,善解人意,从而达到节目的预期传播效果。

第二部分　教学内容与同步练习

要求学生做一期服务类节目。按照服务类节目的要求,修改学生作业和调整学生状态,使学生明确服务类节目的特点及对主持人的要求。

第三部分 教学目的与要求

要求学生掌握服务类节目的特点及服务类节目主持人应有的状态。

第四部分 学生作业例稿

1. 银行保险箱业务

各位观众,大家好!本期的《服务大家》节目又和大家见面了。

我们知道,现在生活水平提高了,大家手里都有一些富余的钱财和贵重物品。一些退休的老年朋友们,劳累了一辈子,退休后很想出去旅游,到处走一走看一看,但家里的财产却成了负担。有的人买了保险箱,把贵重物品放在保险箱里,没想到盗贼却把整个保险箱盗走了。为了真正保证您的财产安全,今天我们要给大家介绍一种更为安全的银行保险箱业务。

凡是比较大的银行均设有保险箱业务,保险箱分大、中、小三种,可以任意租赁,时间可以以天计算,也可以以月或年计算收费,有的银行还允许VIP用户免费使用。因此您可以根据自己的需要选择大、中、小号保险箱和具体的租赁时间。把贵重物品放在银行的保险箱里,是最保险的,这样您就可以放心出门,快乐出游!

好了,今天的节目就到这里,下期节目中我们将给您介绍关于如何选择门锁的小窍门,下期再见!

2. 天气预报

各位观众大家好!欢迎收看《旅游天气预报》节目。

春天到了,有些朋友可能想去踏青旅游,为了使您玩得开心,享受旅游的快乐,我们把近期的天气给您做个预报,供您参考。

最近一个星期,华南地区气温普遍升高,广州、海南的温度要达到35℃以上,而且台风"凯萨娜"也将在广州沿海一带登陆,所以建议您近期最好不要到华南地区出游。

近期,北部地区将迎来降雨,西北地区中东部和华北地区将有中雨,其中内蒙古西部、甘肃东部、山西、陕西等部分地区有大雨,会给您的出行带来不便。

西部地区近期会出现沙尘天气,且伴有短时雷雨等强对流天气。甘肃西部、宁夏等地会有6级大风,新疆风口地区风力可达8级。华东地区天气晴好,江苏、浙江温度最高不超过28℃,早晚温差不大。俗话说"烟花三月下扬州",此时华东地区正是春风拂面、百花盛开、景色宜人、山水秀丽,是出游的好去处。所以建议您,若近期出游,最好选择华东地区。

以上天气预报供您参考,祝您出门一路顺风,旅游快乐!

第十二单元 角色模拟

第一部分 教学内容与同步练习

(1)模拟一名优秀的模特。
(2)模拟一位优秀的教师。(讲一次课)
(3)模拟一位优秀的解放军或公安干警。(讲一段话)
(4)讲一段最能表现自己形象、气质、风采的话。

第二部分 教学目的与要求

使学生当众展示,不再紧张胆怯,找到最佳的自我感觉,表达独有的气质、个性和风采。

第三部分 学生作业例稿

1. 我是一名教师

同学们,大家好!

2011年10月5日乔布斯去世了,但是很多人对他传奇的一生依旧津津乐道。而当我们把他和比尔·盖茨这一类拥有伟大成就的人联系在一起来看时,似乎就得出了一个结论:这些杰出的人,他们在求学期间,表现好像都不怎么好。

不知道是不是巧合,今天我们要讲到的这个人也是如此。他出生在19世纪的西班牙,上中学时他先后两次被退学,但他用行动和成就证明他与学院教育的格格不入是多么珍贵,他就是超现实主义画家的代表——萨尔瓦多·达利。我手上这幅画就是他的代表作之一《记忆的永恒》。这是一幅非常优秀的画作,整个画面似乎都是流动的。你们从画面中看到了什么……三个时钟?一匹马?是,但好像又不是。这就是达利的作品,既真实细腻又荒诞离奇。你看他的整个画面,似乎完全没有思维逻辑性可言,但就是这感觉有些荒诞的画面,表达着人们内心的某种愿望,再加上作品中离奇梦幻的元素,总让人想要看一眼、再看一眼。

我们把这种以"超现实"、"超理智"的梦境、幻觉作为艺术创作源泉的手法称为"超现实主义"。超现实主义画家认为,梦幻中的一切不仅真实,而且有超越现实的真实,所以称为超现实主义。下面,我们来进一步了解什么是超现实主义。

2. 我是一名铁路警察

我是一名铁路民警。多年的职业经验告诉我:在春运这个被称为"每年一度世界上最大的人类迁徙活动"中,稍有疏忽和麻痹,就会使旅客们的生命财产安全受到危害。所以保障旅客平安回家是我们的庄严承诺。

每天,我们都要一丝不苟地检查轨道上的每一处拐弯点、每一个信号灯。春运期间的车站,每天都有成千上万的流动旅客,车站里的安全保卫工作的难度和强度可想而知。因此,我们成立了一支"小喇叭"宣传队。在广场和宽敞明亮的候车大厅、售票厅,民警手提"小喇叭",向流动的旅

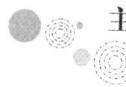

客进行宣传,形成了一道亮丽的风景线。"小喇叭"一响,小偷不敢作案,旅客们有了安全感。

除此之外,我们还组建了一个铁路文艺小分队,候车厅里、铁路沿线小站上、车厢里,到处都活跃着我们文艺小分队民警们的身影。我们能做的,就是向乘客们宣传安全知识、为他们排忧解难,给他们的旅途带来欢乐和温暖。

春运的铁道保卫工作很苦,但也很甜,因为我们的付出能让无数人平安回家,共享天伦之乐;春运的铁道保卫工作很累,但也很快乐,因为我们的奉献和汗水铺就了一条充满温暖和爱的铁道线。我们很幸福,因为我们总能迎着晨光又伴着夕阳,用自己的青春、智慧和坚毅,穿梭在通往春天的铁道线上。

3. 我是一名女警察

从20岁入伍成为一名小士兵,到22岁考进警局成为一名人民警察,我的经历总被爸妈当成骄傲的资本,我也为自己是一名女警而感到自豪。

的确,我的从警经历很顺利。2008年是我从警第一年,汶川地震后我在第一时间被派往都江堰参加震后疏散安置工作,因工作认真负责获得了"优秀人民警察"的荣誉称号。2009年,在四川开展的娱乐场所突击检查中,我因成绩突出被评为"十佳"民警。2011年,《华西都市报》组织了一场"我最喜爱的人民警察"评选,我又一次光荣入选。从警四年,我获得了多项荣誉,也因此被大家亲切地称为"最美女警花"。

人们常说:多大的荣誉背后就有多少的辛酸。我今年26岁了,仍然单身,不是不漂亮,不是不优秀,而是繁忙的工作使我没有时间好好谈场恋爱。加班出警是常事,连多陪陪爸妈都是奢望。记忆最深刻的是地震后,电话打不通,怎样都联系不上家人,就是在这种情况下我被派去灾区。我像个小女孩儿一样在车上一路哭,同事们也都焦急万分,但仍然互相安慰。快到都江堰时,我们都像约定好似的擦去泪水,全身心投入到了战斗中,对于父母家人的担心只能藏在心底。

　　我也曾一度想过改行。当我把这个想法告诉父母时,他们告诉我:如果我不去做也会有别人做,这个社会总需要有警察,维护稳定、服务人民。如果在社会给了你这么多肯定和荣誉时退出,是不是太对不起人民和自己了呢?爸妈的话一语中的,醍醐灌顶般点醒了我。我也觉得,不能轻易退缩,要将这份事业永久地进行下去,做一名优秀的女警察!

后 记

　　本课程主要是为了更好地挖掘同学们的潜质,更好地适应电台、电视台不同节目对主持人的要求。另外,通过本课程的训练,使同学们在不同场合都能做到自然松弛,提高形体的自控力和语言的表现力,从而更好地展示自己。

　　通过具体的教学实践,我们感到,凡是接受过该课程训练的同学,不仅改正了形体和语言的不良习惯,而且话题评述也有了真情实感。面对比赛和招聘也都变得自如舒展,提高了社会竞争力。

　　教材中语言训练部分的学生作业水平参差不齐,有的作业比较粗糙,但因有特色,有较新的思维点、有想象力,所以也选在其中,以供参考。另外,在形体训练方面,本课程主要解决形体紧张和纠正形体不良习惯等问题,而不是舞蹈专业训练,特此说明。

　　本课程是新兴课程,尚存在一些不足,我们将在今后的教学中,进一步修正完善,使课程更具有科学性、实用性、时效性,也希望接触过该课程的老师、同学们提出宝贵意见。

后 记

  本教材形体录像由张黎平老师、罗洪军同学完成。音乐由夏翔老师选编。

  2009级思维提高班学生作业收集由孙晨、韩辉、肖玉婷、吴迪、余乐老师完成。本课程一直得到四川师范大学电影电视学院领导的悉心指导和各部门的大力支持,在此表示由衷的感谢!

编　者

图书在版编目(CIP)数据

主持人表现力训练教程/翁如编著. -- 北京：中国传媒大学出版社，2013.6（2021.1重印）

ISBN 978-7-5657-0728-5

Ⅰ.①主… Ⅱ.①翁… Ⅲ.①主持人—基本知识 Ⅳ.①G222.2

中国版本图书馆 CIP 数据核字（2013）第 128485 号

主持人表现力训练教程
ZHUCHIREN BIAOXIANLI XUNLIAN JIAOCHENG

编　　著	翁　如	
策划编辑	赵　欣	
责任编辑	赵　欣	
责任印制	李志鹏	
封面制作	李　莹	
出版发行	中国传媒大学出版社	
社　　址	北京市朝阳区定福庄东街 1 号	邮　　编　100024
电　　话	86-10-65450528　65450532	传　　真　65779405
网　　址	http://cucp.cuc.edu.cn	
经　　销	全国新华书店	
印　　刷	三河市东方印刷有限公司	
开　　本	730mm×988mm　1/16	
印　　张	黑白 8.25　　彩插 0.25	
字　　数	117 千字	
版　　次	2013 年 9 月第 1 版	
印　　次	2021 年 1 月第 5 次印刷	
书　　号	ISBN 978-7-5657-0728-5/G・0728	
定　　价	36.00 元	

本社法律顾问：北京李伟斌律师事务所　郭建平
版权所有　翻印必究　印装错误　负责调换